# 城市客运企业主要负责人和安全生产管理人员安全考核真题解析

## （公共知识篇）

交通运输部公路科学研究院 编

人民交通出版社股份有限公司

北京

# 内 容 提 要

本书根据 2022 年交通运输部印发的《城市客运企业主要负责人和安全生产管理人员安全考核管理办法》《城市客运企业主要负责人和安全生产管理人员安全考核大纲》《城市客运企业主要负责人和安全生产管理人员安全考核基础题库》进行编写。全书系统梳理了城市客运企业主要负责人和安全生产管理人员安全考核基础题库中城市公共汽电车、城市轨道交通、出租汽车 3 个专业公共部分相关题目的出题依据和来源，并依据相关法律法规、规范性文件和标准对题目进行了全方位解析。

本书适合城市客运企业主要负责人和安全生产管理人员学习使用。

**图书在版编目（CIP）数据**

城市客运企业主要负责人和安全生产管理人员安全考核真题解析. 公共知识篇／交通运输部公路科学研究院编. —北京：人民交通出版社股份有限公司,2023.3

ISBN 978-7-114-18425-3

Ⅰ.①城… Ⅱ.①交… Ⅲ.①城市运输—旅客运输—安全生产—中国—考核—题解 Ⅳ.①F572.6-44

中国版本图书馆 CIP 数据核字（2022）第 256894 号

书　　名：城市客运企业主要负责人和安全生产管理人员安全考核真题解析（公共知识篇）
著　作　者：交通运输部公路科学研究院
责任编辑：杨丽改
责任校对：赵媛媛
责任印制：张　凯
出版发行：人民交通出版社股份有限公司
地　　址：（100011）北京市朝阳区安定门外外馆斜街 3 号
网　　址：http://www.ccpcl.com.cn
销售电话：（010）59757973
总 经 销：人民交通出版社股份有限公司发行部
经　　销：各地新华书店
印　　刷：北京虎彩文化传播有限公司
开　　本：787 × 1092　1/16
印　　张：12.75
字　　数：273 千
版　　次：2023 年 3 月　第 1 版
印　　次：2023 年 3 月　第 1 次印刷
书　　号：ISBN 978-7-114-18425-3
定　　价：49.00 元

（有印刷、装订质量问题的图书，由本公司负责调换）

# 编 写 组

主　编:陈　晖　王　蔚　乔　睿　朱志强

副主编:程国华　石　凌　殷焕焕　杨海龙　陈　跃

# 前　　言

近年来,交通运输行业始终把交通运输安全摆在各项工作的首位,把人民群众生命安全放在第一位,坚持安全第一、预防为主、综合治理,有力地推动了我国交通运输安全生产形势持续稳定向好。但同时,城市客运领域安全生产事故依然时有发生,暴露出有关企业安全生产主体责任落实不到位、对驾驶员等从业人员安全生产教育培训不合格、驾驶员应急处置能力不适应、车辆隐患排查不彻底等问题。其中,城市客运企业主要负责人和安全生产管理人员对于安全管理工作水平高低起决定性作用。

2021年,第三次修正的《安全生产法》第二十七条将"道路运输单位"调整为"运输单位",要求运输单位主要负责人和安全生产管理人员应当由主管的负有安全生产监督管理职责的部门对其安全生产知识和管理能力考核合格,考核不得收费。为贯彻落实新《安全生产法》有关规定,组织开展好运输企业主要负责人和安全生产管理人员安全考核工作,交通运输部决定规范城市客运企业主要负责人和安全生产管理人员的安全考核工作。2022年11月,交通运输部印发了《城市客运企业主要负责人和安全生产管理人员安全考核管理办法》《城市客运企业主要负责人和安全生产管理人员安全考核大纲》(以下简称《考核大纲》)和《城市客运企业主要负责人和安全生产管理人员安全考核基础题库》(以下简称《题库》)。

为了帮助城市客运企业主要负责人和安全生产管理人员更好地掌握安全考核题目和相关知识点,我们紧扣《考核大纲》和《题库》,系统梳理了城市客运企业主要负责人和安全生产管理人员基础题库中公共部分相关题目的出题依据和来源,依据相关法律法规、规范性文件和标准对题目进行了全方位解析。

编写过程中,由于作者水平有限,书中难免有不妥之处,敬请有关专家、学者和从事城市客运行业的工作者批评指正,以便完善。

编写组
2022年12月

# 目　　录

# 第一部分

城市客运企业主要负责人和安全生产管理人员安全考核公共部分考核真题解析

## 一、单选题

1.依据《中华人民共和国安全生产法》,从业人员在(    )人以下的非高危行业的生产经营单位,可以不设置安全生产管理机构,但至少应配备兼职的安全生产管理人员。

A.200           B.100           C.500           D.1000

**正确答案:B**

**【试题解析】**

《中华人民共和国安全生产法》第二十四条第一款是关于高危行业的生产经营单位安全生产管理机构设置、安全生产管理人员配备的规定。第二款是关于非高危行业的生产经营单位安全生产管理机构设置、安全生产管理人员配备的规定。

"第二十四条　矿山、金属冶炼、建筑施工、运输单位和危险物品的生产、经营、储存、装卸单位,应当设置安全生产管理机构或者配备专职安全生产管理人员。

"前款规定以外的其他生产经营单位,从业人员超过一百人的,应当设置安全生产管理机构或者配备专职安全生产管理人员;从业人员在一百人以下的,应当配备专职或者兼职的安全生产管理人员。"

故本题选 B。

2.依据《中华人民共和国安全生产法》,属于国家规定的高危行业、领域的生产经营单位,应当投保(    )。

A.产品责任保险           B.安全生产责任保险

C.火灾公众责任保险         D.环境污染责任保险

**正确答案:B**

**【试题解析】**

《中华人民共和国安全生产法》第五十一条是关于工伤保险和安全生产责任保险的规定。

"第五十一条　生产经营单位必须依法参加工伤保险,为从业人员缴纳保险费。

"国家鼓励生产经营单位投保安全生产责任保险;属于国家规定的高危行业、领域的生产经营单位,应当投保安全生产责任保险。具体范围和实施办法由国务院应急管理部门会同国务院财政部门、国务院保险监督管理机构和相关行业主管部门制定。"

故本题选 B。

3.依据《中华人民共和国安全生产法》,生产经营单位新建、改建、扩建工程项目的(    ),必须与主体工程同时设计、同时施工、同时投入生产和使用。

A.生活设施     B.福利设施     C.安全设施     D.工作设施

**正确答案:C**

**【试题解析】**

《中华人民共和国安全生产法》第三十一条是关于建设项目的安全设施"三同时"原则的规定。

"第三十一条　生产经营单位新建、改建、扩建工程项目(以下统称建设项目)的安全设施,必须与主体工程同时设计、同时施工、同时投入生产和使用。安全设施投资应当纳入建设项目概算。"

故本题选 C。

4.依据《中华人民共和国安全生产法》,事故调查处理应当按照科学严谨、依法依规、实事求是、注重实效的原则,及时、准确地查清(　　　),查明事故性质和责任,评估应急处置工作,总结事故教训,提出整改措施,并对事故责任单位和人员提出处理建议。

　　A.事故原因　　　　B.事故类型　　　　C.事故影响　　　　D.事故损失

正确答案:A

【试题解析】

《中华人民共和国安全生产法》第八十六条是关于事故调查的基本原则、主要任务和相关要求的规定。

"第八十六条　事故调查处理应当按照科学严谨、依法依规、实事求是、注重实效的原则,及时、准确地查清事故原因,查明事故性质和责任,评估应急处置工作,总结事故教训,提出整改措施,并对事故责任单位和人员提出处理建议。事故调查报告应当依法及时向社会公布。事故调查和处理的具体办法由国务院制定。

"……"

故本题选 A。

5.依据《中华人民共和国安全生产法》,生产经营单位(　　　)以任何形式与从业人员订立协议,免除或者减轻其对从业人员因生产安全事故伤亡依法应承担的责任。

　　A.可以　　　　　　　　　　　B.经有关部门批准可以

　　C.不得　　　　　　　　　　　D.一般不得

正确答案:C

【试题解析】

《中华人民共和国安全生产法》第五十二条是关于劳动合同中的劳动安全必备事项以及禁止订立非法协议的规定。

"第五十二条　生产经营单位与从业人员订立的劳动合同,应当载明有关保障从业人员劳动安全、防止职业危害的事项,以及依法为从业人员办理工伤保险的事项。

"生产经营单位不得以任何形式与从业人员订立协议,免除或者减轻其对从业安全事故伤亡依法应承担的责任。"

故本题选 C。

6.依据《中华人民共和国安全生产法》,对于因生产安全事故受到损害的从业人员,以下说法正确的是(　　　)。

　　A.只能依法享有工伤保险补偿

　　B.只能依照有关民事法律的规定向本单位提出赔偿

C.除依法享有工伤保险外,可以依照有关民事法律的规定向本单位提出赔偿

D.依法享有工伤保险,但应当首先向本单位提出民事赔偿

正确答案:C

【试题解析】

《中华人民共和国安全生产法》第五十六条是关于生产经营单位的及时救治义务,以及从业人员享有社会保险和有关民事赔偿权利的规定。

"第五十六条　生产经营单位发生生产安全事故后,应当及时采取措施救治有关人员。

"因生产安全事故受到损害的从业人员,除依法享有工伤保险外,依照有关民事法律尚有获得赔偿的权利的,有权提出赔偿要求。"

故本题选C。

7.依据《中华人民共和国安全生产法》,对未依法取得批准或者验收合格的单位擅自从事有关活动的,负责行政审批的部门发现或者接到举报后应当立即(　　),并依法予以处理。

A.予以停产整顿　　　　　　　　B.予以取缔

C.予以责令整改　　　　　　　　D.予以通报批评

正确答案:B

【试题解析】

《中华人民共和国安全生产法》第六十三条是关于负有安全生产监督管理职责的部门必须依法履行审批、验收等监督管理职责的规定。

"第六十三条　负有安全生产监督管理职责的部门依照有关法律、法规的规定,对涉及安全生产的事项需要审查批准(包括批准、核准、许可、注册、认证、颁发证照等,下同)或者验收的,必须严格依照有关法律、法规和国家标准或者行业标准规定的安全生产条件和程序进行审查;不符合有关法律、法规和国家标准或者行业标准规定的安全生产条件的,不得批准或者验收通过。对未依法取得批准或者验收合格的单位擅自从事有关活动的,负责行政审批的部门发现或者接到举报后应当立即予以取缔,并依法予以处理。对已经依法取得批准的单位,负责行政审批的部门发现其不再具备安全生产条件的,应当撤销原批准。"

故本题选B。

8.依据《中华人民共和国安全生产法》,生产经营单位不得因从业人员对本单位安全生产工作提出批评、检举、控告或者(　　),而降低其工资、福利等待遇或者解除与其订立的劳动合同。

A.擅自停止作业　　　　　　　　B.拒绝违章指挥、强令冒险作业

C.拒绝听从指挥　　　　　　　　D.紧急情况下撤离作业区域

正确答案:B

【试题解析】

《中华人民共和国安全生产法》第五十四条是关于从业人员的批评、检举、控告和拒绝违章指挥、强令冒险作业等权利的规定。

"第五十四条　从业人员有权对本单位安全生产工作中存在的问题提出批评、检举、控告;有权拒绝违章指挥和强令冒险作业。

"生产经营单位不得因从业人员对本单位安全生产工作提出批评、检举、控告或者拒绝违章指挥、强令冒险作业而降低其工资、福利等待遇或者解除与其订立的劳动合同。"

故本题选 B。

9.依据《中华人民共和国安全生产法》,生产经营单位的(　　),必须按照国家有关规定经专门的安全作业培训,取得相应资格,方可上岗作业。

A.安全生产管理人员　　　　　　B.特种作业人员

C.新入厂的工人　　　　　　　　D.产品质量检验员

正确答案:B

【试题解析】

《中华人民共和国安全生产法》第三十条是关于生产经营单位的特种作业人员从业资格的规定。

"第三十条　生产经营单位的特种作业人员必须按照国家有关规定经专门的安全作业培训,取得相应资格,方可上岗作业。

"特种作业人员的范围由国务院应急管理部门会同国务院有关部门确定。"

故本题选 B。

10.依据《中华人民共和国安全生产法》,从业人员发现直接危及人身安全的紧急情况时,(　　)或者在采取可能的应急措施后撤离作业场所。

A.采取一切技术手段抢险救灾

B.自行判断安全风险

C.在采取必要的个人防护措施后在现场静观事态变化

D.有权停止作业

正确答案:D

【试题解析】

《中华人民共和国安全生产法》第五十五条是关于生产经营单位的从业人员的紧急处置权及其保护的规定。

"第五十五条　从业人员发现直接危及人身安全的紧急情况时,有权停止作业或者在采取可能的应急措施后撤离作业场所。

"生产经营单位不得因从业人员在前款紧急情况下停止作业或者采取紧急撤离措施而降低其工资、福利等待遇或者解除与其订立的劳动合同。"

故本题选 D。

11.依据《中华人民共和国安全生产法》,生产经营单位不得将生产经营项目、场所、设备发包或者出租给不具备(　　)或者相应资质的单位或者个人。

A.相应技术实力　　B.相应资金储备　　C.安全生产条件　　D.相应市场规模

正确答案：C

【试题解析】

《中华人民共和国安全生产法》第四十九条是关于生产经营单位生产经营发包或出租的规定。

"第四十九条  生产经营单位不得将生产经营项目、场所、设备发包或者出租给不具备安全生产条件或者相应资质的单位或者个人。

"……"

故本题选 C。

12. 依据《中华人民共和国安全生产法》，生产经营单位应当建立安全风险（      ）制度，按照安全风险分级采取相应的管控措施。

　　A. 分级管控　　　B. 各项措施　　　C. 管控措施　　　D. 分类指导

正确答案：A

【试题解析】

《中华人民共和国安全生产法》第四十一条是关于生产经营单位安全管控及事故隐患排查治理和报告的规定。

"第四十一条  生产经营单位应当建立安全风险分级管控制度，按照安全风险分级采取相应的管控措施。

"……"

故本题选 A。

13. 依据《中华人民共和国安全生产法》，安全生产工作应当以人为本，坚持（      ）、生命至上，把保护人民生命安全摆在首位，树牢安全发展理念，坚持安全第一、预防为主、综合治理的方针，从源头上防范化解重大安全风险。

　　A. 人民至上　　　B. 安全至上　　　C. 国家利益至上　　　D. 人民利益至上

正确答案：A

【试题解析】

《中华人民共和国安全生产法》第三条是关于安全生产工作指导思想、方针、原则和机制的规定。

"第三条  安全生产工作坚持中国共产党的领导。

"安全生产工作应当以人为本，坚持人民至上、生命至上，把保护人民生命安全摆在首位，树牢安全发展理念，坚持安全第一、预防为主、综合治理的方针，从源头上防范化解重大安全风险。

"……"

故本题选 A。

14. 依据《中华人民共和国安全生产法》，安全生产工作应当以人为本，坚持人民至上、生命至上，把（      ）摆在首位，树牢安全发展理念，坚持安全第一、预防为主、综合治理的方针，从源头上防范化解重大安全风险。

    A. 人民切身利益　　　　　　B. 保护人民生命安全

    C. 社会经济发展　　　　　　D. 人民的福祉

**正确答案:B**

**【试题解析】**

《中华人民共和国安全生产法》第三条是关于安全生产工作指导思想、方针、原则和机制的规定。

"第三条　安全生产工作坚持中国共产党的领导。

"安全生产工作应当以人为本,坚持人民至上、生命至上,把保护人民生命安全摆在首位,树牢安全发展理念,坚持安全第一、预防为主、综合治理的方针,从源头上防范化解重大安全风险。

"……"

故本题选 B。

15. 依据《中华人民共和国安全生产法》,安全生产工作应当以人为本,坚持人民至上、生命至上,把保护人民生命安全摆在首位,树牢安全发展理念,坚持安全第一、预防为主、综合治理的方针,(　　)。

    A. 防范安全风险　　　　　　B. 防范化解安全风险

    C. 防范化解重大安全风险　　D. 从源头上防范化解重大安全风险

**正确答案:D**

**【试题解析】**

《中华人民共和国安全生产法》第三条是关于安全生产工作指导思想、方针、原则和机制的规定。

"第三条　安全生产工作坚持中国共产党的领导。

"安全生产工作应当以人为本,坚持人民至上、生命至上,把保护人民生命安全摆在首位,树牢安全发展理念,坚持安全第一、预防为主、综合治理的方针,从源头上防范化解重大安全风险。

"……"

故本题选 D。

16. 依据《中华人民共和国安全生产法》,安全生产工作实行管行业必须管安全、管业务必须管安全、(　　),强化和落实生产经营单位主体责任与政府监管责任,建立生产经营单位负责、职工参与、政府监管、行业自律和社会监督的机制。

    A. 管生产经营必须管安全　　B. 管生产必须管安全

    C. 管经营必须管安全　　　　D. 管企业必须管安全

**正确答案:A**

**【试题解析】**

《中华人民共和国安全生产法》第三条是关于安全生产工作指导思想、方针、原则和机制的规定。

"第三条　安全生产工作坚持中国共产党的领导。

"……

"安全生产工作实行管行业必须管安全、管业务必须管安全、管生产经营必须管安全,强化和落实生产经营单位主体责任与政府监管责任,建立生产经营单位负责、职工参与、政府监管、行业自律和社会监督的机制。"

故本题选 A。

17.生产经营单位必须遵守《中华人民共和国安全生产法》和其他有关安全生产的法律、法规,加强安全生产管理,建立健全(　　)和安全生产规章制度,加大对安全生产资金、物资、技术、人员的投入保障力度,改善安全生产条件,加强安全生产标准化、信息化建设,构建安全风险分级管控和隐患排查治理双重预防机制,健全风险防范化解机制,提高安全生产水平,确保安全生产。

　　A.安全生产责任制　　　　　　　　B.全员安全生产责任制

　　C.安全生产全过程责任制　　　　　D.责任制

正确答案:B

【试题解析】

《中华人民共和国安全生产法》第四条是关于生产经营单位安全生产基本义务的规定。

"第四条　生产经营单位必须遵守本法和其他有关安全生产的法律、法规,加强安全生产管理,建立健全全员安全生产责任制和安全生产规章制度,加大对安全生产资金、物资、技术、人员的投入保障力度,改善安全生产条件,加强安全生产标准化、信息化建设,构建安全风险分级管控和隐患排查治理双重预防机制,健全风险防范化解机制,提高安全生产水平,确保安全生产。

"……"

故本题选 B。

18.生产经营单位必须遵守《中华人民共和国安全生产法》和其他有关安全生产的法律、法规,加强安全生产管理,建立健全全员安全生产责任制和(　　),加大对安全生产资金、物资、技术、人员的投入保障力度,改善安全生产条件,加强安全生产标准化、信息化建设,构建安全风险分级管控和隐患排查治理双重预防机制,健全风险防范化解机制,提高安全生产水平,确保安全生产。

　　A.生产经营制度　　　　　　　　　B.主要负责人制度

　　C.安全生产操作规程　　　　　　　D.安全生产规章制度

正确答案:D

【试题解析】

《中华人民共和国安全生产法》第四条是关于生产经营单位安全生产基本义务的规定。

"第四条　生产经营单位必须遵守本法和其他有关安全生产的法律、法规,加强安全生产管理,建立健全全员安全生产责任制和安全生产规章制度,加大对安全生产资金、物资、技术、人员的投入保障力度,改善安全生产条件,加强安全生产标准化、信息化建设,构建安全风险分级管控和隐患排查治理双重预防机制,健全风险防范化解机制,提高安全生产水平,确保安全生产。

"……"

故本题选 D。

19.生产经营单位必须遵守《中华人民共和国安全生产法》和其他有关安全生产的法律、法规,加强安全生产管理,建立健全全员安全生产责任制和安全生产规章制度,加大对( )的投入保障力度,改善安全生产条件,加强安全生产标准化、信息化建设,构建安全风险分级管控和隐患排查治理双重预防机制,健全风险防范化解机制,提高安全生产水平,确保安全生产。

  A.安全生产资金、物资、技术、人员

  B.安全生产资金、物资、技术

  C.安全生产物资、技术、人员

  D.安全生产资金、技术、人员

**正确答案:A**

**【试题解析】**

《中华人民共和国安全生产法》第四条是关于生产经营单位安全生产基本义务的规定。

"第四条 生产经营单位必须遵守本法和其他有关安全生产的法律、法规,加强安全生产管理,建立健全全员安全生产责任制和安全生产规章制度,加大对安全生产资金、物资、技术、人员的投入保障力度,改善安全生产条件,加强安全生产标准化、信息化建设,构建安全风险分级管控和隐患排查治理双重预防机制,健全风险防范化解机制,提高安全生产水平,确保安全生产。

"……"

故本题选 A。

20.生产经营单位必须遵守《中华人民共和国安全生产法》和其他有关安全生产的法律、法规,加强安全生产管理,建立健全全员安全生产责任制和安全生产规章制度,加大对安全生产资金、物资、技术、人员的投入保障力度,改善安全生产条件,加强( )建设,构建安全风险分级管控和隐患排查治理双重预防机制,健全风险防范化解机制,提高安全生产水平,确保安全生产。

  A.基础设施      B.安全生产标准化、信息化

  C.安全生产条件     D.安全生产制度

**正确答案:B**

**【试题解析】**

《中华人民共和国安全生产法》第四条是关于生产经营单位安全生产基本义务的规定。

"第四条　生产经营单位必须遵守本法和其他有关安全生产的法律、法规,加强安全生产管理,建立健全全员安全生产责任制和安全生产规章制度,加大对安全生产资金、物资、技术、人员的投入保障力度,改善安全生产条件,加强安全生产标准化、信息化建设,构建安全风险分级管控和隐患排查治理双重预防机制,健全风险防范化解机制,提高安全生产水平,确保安全生产。

"……"

故本题选 B。

21.依据《中华人民共和国安全生产法》,县级以上地方各级人民政府应当组织有关部门建立完善安全风险评估与论证机制,按照安全风险管控要求,进行产业规划和空间布局,并对位置相邻、行业相近、业态相似的生产经营单位实施(　　)。

　　A.重点监管　　　　　　　　　　B.联合检查
　　C.重大安全风险联防联控　　　　D.全过程监管

正确答案:C

【试题解析】

《中华人民共和国安全生产法》第八条是关于安全生产规划、基础设施建设和安全生产监管能力建设、安全风险评估与论证机制的规定。

"第八条　国务院和县级以上地方各级人民政府应当根据国民经济和社会发展规划制定安全生产规划,并组织实施。安全生产规划应当与国土空间规划等相关规划相衔接。

"各级人民政府应当加强安全生产基础设施建设和安全生产监管能力建设,所需经费列入本级预算。

"县级以上地方各级人民政府应当组织有关部门建立完善安全风险评估与论证机制,按照安全风险管控要求,进行产业规划和空间布局,并对位置相邻、行业相近、业态相似的生产经营单位实施重大安全风险联防联控。"

故本题选 C。

22.依据《中华人民共和国安全生产法》,从业人员在作业过程中,应当严格落实(　　),遵守本单位的安全生产规章制度和操作规程,服从管理,正确佩戴和使用劳动防护用品。

　　A.一岗双责　　　　　　　　　　B.岗位安全责任
　　C.安全生产责任　　　　　　　　D.规章制度

正确答案:B

【试题解析】

《中华人民共和国安全生产法》第五十七条是关于从业人员落实岗位安全责任,遵规守制、服从管理以及正确佩戴和使用劳动防护用品的规定。

"第五十七条　从业人员在作业过程中,应当严格落实岗位安全责任,遵守本单位的安全生产规章制度和操作规程,服从管理,正确佩戴和使用劳动防护用品。"

故本题选 B。

23. 依据《中华人民共和国安全生产法》,负责事故调查处理的国务院有关部门和地方人民政府应当在批复事故调查报告后(　　)内,组织有关部门对事故整改和防范措施落实情况进行评估,并及时向社会公开评估结果;对不履行职责导致事故整改和防范措施没有落实的有关单位和人员,应当按照有关规定追究责任。

　　A. 半年　　　　　　B. 一年　　　　　　C. 两年　　　　　　D. 三个月

**正确答案:B**

**【试题解析】**

《中华人民共和国安全生产法》第八十六条是关于事故调查的基本原则、主要任务和相关要求的规定。

"第八十六条　事故调查处理应当按照科学严谨、依法依规、实事求是、注重实效的原则,及时、准确地查清事故原因,查明事故性质和责任,评估应急处置工作,总结事故教训,提出整改措施,并对事故责任单位和人员提出处理建议。事故调查报告应当依法及时向社会公布。事故调查和处理的具体办法由国务院制定。

"……

"负责事故调查处理的国务院有关部门和地方人民政府应当在批复事故调查报告后一年内,组织有关部门对事故整改和防范措施落实情况进行评估,并及时向社会公开评估结果;对不履行职责导致事故整改和防范措施没有落实的有关单位和人员,应当按照有关规定追究责任。"

故本题选 B。

24. 在公交车行驶过程中,乘客王某因与驾驶员发生矛盾,遂殴打驾驶员并抢夺转向盘,造成其他乘客受轻微伤,依照《中华人民共和国刑法》,王某触犯了(　　)罪。

　　A. 妨害安全驾驶　　B. 危险驾驶　　　　C. 交通肇事　　　　D. 重大责任事故

**正确答案:A**

**【试题解析】**

《中华人民共和国刑法》第一百三十三条之二是关于妨害安全驾驶罪的规定。

"第一百三十三条之二　对行驶中的公共交通工具的驾驶人员使用暴力或者抢控驾驶操纵装置,干扰公共交通工具正常行驶,危及公共安全的,处一年以下有期徒刑、拘役或者管制,并处或者单处罚金。

"前款规定的驾驶人员在行驶的公共交通工具上擅离职守,与他人互殴或者殴打他人,危及公共安全的,依照前款的规定处罚。

"有前两款行为,同时构成其他犯罪的,依照处罚较重的规定定罪处罚。"

故本题选 A。

25. 依据《中华人民共和国刑法》,公共交通工具的驾驶人员在行驶的公共交通工具上擅离职守,与他人互殴或者殴打他人,危及公共安全的,处(　　)以下有期徒刑、拘役或者管制,并处或者单处罚金。

  A.两年    B.一年    C.三年    D.六个月

**正确答案:B**

**【试题解析】**

《中华人民共和国刑法》第一百三十三条之二是关于妨害安全驾驶罪的规定。

"第一百三十三条之二 对行驶中的公共交通工具的驾驶人员使用暴力或者抢控驾驶操纵装置,干扰公共交通工具正常行驶,危及公共安全的,处一年以下有期徒刑、拘役或者管制,并处或者单处罚金。

"前款规定的驾驶人员在行驶的公共交通工具上擅离职守,与他人互殴或者殴打他人,危及公共安全的,依照前款的规定处罚。

"有前两款行为,同时构成其他犯罪的,依照处罚较重的规定定罪处罚。"

故本题选 B。

26.依据《中华人民共和国刑法》中有关危险驾驶罪的规定,下列情形中不属于危险驾驶罪的是(  )。

  A.醉酒驾驶公交车

  B.违反危险化学品安全管理规定运输危险化学品

  C.大客车严重超载超速行驶

  D.高速公路应急车道停车休息

**正确答案:D**

**【试题解析】**

《中华人民共和国刑法》第一百三十三条之一是关于危险驾驶罪的规定。

"第一百三十三条之一 在道路上驾驶机动车,有下列情形之一的,处拘役,并处罚金:

"(一)追逐竞驶,情节恶劣的;

"(二)醉酒驾驶机动车的;

"(三)从事校车业务或者旅客运输,严重超过额定乘员载客,或者严重超过规定时速行驶的;

"(四)违反危险化学品安全管理规定运输危险化学品,危及公共安全的。

"机动车所有人、管理人对前款第三项、第四项行为负有直接责任的,依照前款的规定处罚。

"有前两款行为,同时构成其他犯罪的,依照处罚较重的规定定罪处罚。"

故本题选 D。

27.依据《中华人民共和国刑法》,在安全事故发生后,负有报告职责的人员(  )事故情况,贻误事故抢救,情节严重的,处三年以下有期徒刑或者拘役;情节特别严重的,处三年以上七年以下有期徒刑。

  A.不报或者迟报      B.迟报或者谎报

C.不报或者谎报　　　　　　　　　D.漏报或者迟报

**正确答案:C**

【试题解析】

《中华人民共和国刑法》第一百三十九条之一是关于不报及谎报安全事故罪的规定。

"第一百三十九条之一　在安全事故发生后,负有报告职责的人员不报或者谎报事故情况,贻误事故抢救,情节严重的,处三年以下有期徒刑或者拘役;情节特别严重的,处三年以上七年以下有期徒刑。"

故本题选 C。

28.依据《中华人民共和国消防法》,同一建筑物由两个以上单位管理或者使用的,应当明确各方的消防安全责任,并确定责任人对共用的(　　　)进行统一管理。

　　A.疏散通道、安全出口、建筑消防设施和消防车通道

　　B.灭火器材

　　C.消防档案

　　D.安全出口

**正确答案:A**

【试题解析】

《中华人民共和国消防法》第十八条是关于同一建筑物由两个以上单位管理或者使用时各方的消防安全责任,以及住宅区物业服务企业的消防安全责任的规定。

"第十八条　同一建筑物由两个以上单位管理或者使用的,应当明确各方的消防安全责任,并确定责任人对共用的疏散通道、安全出口、建筑消防设施和消防车通道进行统一管理。

"住宅区的物业服务企业应当对管理区域内的共用消防设施进行维护管理,提供消防安全防范服务。"

故本题选 A。

29.依据《中华人民共和国消防法》,单位损坏、挪用或者擅自拆除、停用消防设施、器材的;责令改正,处(　　　)罚款。

　　A.五百元以下　　　　　　　　　B.五千元以上五万元以下

　　C.一百万元以上　　　　　　　　D.两千元以下

**正确答案:B**

【试题解析】

《中华人民共和国消防法》第六十条是关于消防违法行为的法律责任的规定。

"第六十条　单位违反本法规定,有下列行为之一的,责令改正,处五千元以上五万元以下罚款:

"(一)消防设施、器材或者消防安全标志的配置、设置不符合国家标准、行业标准,或者未保持完好有效的;

"(二)损坏、挪用或者擅自拆除、停用消防设施、器材的;

"(三)占用、堵塞、封闭疏散通道、安全出口或者有其他妨碍安全疏散行为的;

"(四)埋压、圈占、遮挡消火栓或者占用防火间距8的;

"(五)占用、堵塞、封闭消防车通道,妨碍消防车通行的;

"(六)人员密集场所在门窗上设置影响逃生和灭火救援的障碍物的;

"(七)对火灾隐患经消防救援机构通知后不及时采取措施消除的。

"个人有前款第二项、第三项、第四项、第五项行为之一的,处警告或者五百元以下罚款。

"有本条第一款第三项、第四项、第五项、第六项行为,经责令改正拒不改正的,强制执行,所需费用由违法行为人承担。"

故本题选 B。

30.依据《中华人民共和国消防法》,我国消防工作贯彻( )的方针。

A.以消为主、防消结合　　　　B.预防为主、防消结合

C.专门机关与群众相结合　　　D.以防为主、以消为辅

正确答案:B

【试题解析】

《中华人民共和国消防法》第二条是关于消防工作方针和消防安全责任制的规定。

"第二条　消防工作贯彻预防为主、防消结合的方针,按照政府统一领导、部门依法监管、单位全面负责、公民积极参与的原则,实行消防安全责任制,建立健全社会化的消防工作网络。"

故本题选 B。

31.依据《中华人民共和国消防法》,我国的消防工作实行( )责任制,建立健全社会化的消防工作网络。

A.消防安全　　　B.政府领导　　　C.消防监督　　　D.防火安全

正确答案:A

【试题解析】

《中华人民共和国消防法》第二条是关于消防工作方针和消防安全责任制的规定。

"第二条　消防工作贯彻预防为主、防消结合的方针,按照政府统一领导、部门依法监管、单位全面负责、公民积极参与的原则,实行消防安全责任制,建立健全社会化的消防工作网络。"

故本题选 A。

32.依据《中华人民共和国消防法》,对建筑消防设施( )至少进行一次全面检测,确保完好有效,检测记录应当完整准确,存档备查。

A.每季度　　　B.每半年　　　C.每年　　　D.每月

正确答案:C

【试题解析】

《中华人民共和国消防法》第十六条是关于机关、团体、企业、事业等单位消防安全职责

的规定。

"第十六条　机关、团体、企业、事业等单位应当履行下列消防安全职责：

"(一)落实消防安全责任制,制定本单位的消防安全制度、消防安全操作规程,制定灭火和应急疏散预案；

"(二)按照国家标准、行业标准配置消防设施、器材,设置消防安全标志,并定期组织检验、维修,确保完好有效；

"(三)对建筑消防设施每年至少进行一次全面检测,确保完好有效,检测记录应当完整准确,存档备查；

"(四)保障疏散通道、安全出口、消防车通道畅通,保证防火防烟分区、防火间距符合消防技术标准；

"(五)组织防火检查,及时消除火灾隐患；

"(六)组织进行有针对性的消防演练；

"(七)法律、法规规定的其他消防安全职责。

"单位的主要负责人是本单位的消防安全责任人。"

故本题选 C。

33.依据《中华人民共和国消防法》,消防安全重点单位实行(　　)防火巡查,并建立巡查记录。

　　A.每日　　　　　　B.每小时　　　　　C.每两小时　　　　　D.每周

正确答案:A

【试题解析】

《中华人民共和国消防法》第十七条是关于消防安全重点单位的确定和备案的规定。

"第十七条　县级以上地方人民政府消防救援机构应当将发生火灾可能性较大以及发生火灾可能造成重大的人身伤亡或者财产损失的单位,确定为本行政区域内的消防安全重点单位,并由应急管理部门报本级人民政府备案。

"消防安全重点单位除应当履行本法第十六条规定的职责外,还应当履行下列消防安全职责:

"(一)确定消防安全管理人,组织实施本单位的消防安全管理工作；

"(二)建立消防档案,确定消防安全重点部位,设置防火标志,实行严格管理；

"(三)实行每日防火巡查,并建立巡查记录；

"(四)对职工进行岗前消防安全培训,定期组织消防安全培训和消防演练。"

故本题选 A。

34.依据《中华人民共和国消防法》,(　　)的场所不得与居住场所设置在同一建筑物内,并应当与居住场所保持安全距离。

　　A.人员密集　　　　　　　　　　　　B.生产、储存、经营易燃易爆危险品

　　C.公共娱乐　　　　　　　　　　　　D.歌舞、娱乐、放映

正确答案：B

【试题解析】

《中华人民共和国消防法》第十九条是关于生产、储存、经营易燃易爆危险品的场所与居住场所间的安全要求。

"第十九条 生产、储存、经营易燃易爆危险品的场所不得与居住场所设置在同一建筑物内，并应当与居住场所保持安全距离。

生产、储存、经营其他物品的场所与居住场所设置在同一建筑物内的，应当符合国家工程建设消防技术标准。"

故本题选 B。

35.依据《中华人民共和国消防法》，消防安全重点单位应当对(     )进行岗前消防安全培训，定期组织消防安全培训和消防演练。

    A.消防安全重点部位的职工

    B.专职消防队员

    C.安全员

    D.职工

正确答案：D

【试题解析】

《中华人民共和国消防法》第十七条是关于消防安全重点单位的确定和备案的规定。

"第十七条 县级以上地方人民政府消防救援机构应当将发生火灾可能性较大以及发生火灾可能造成重大的人身伤亡或者财产损失的单位，确定为本行政区域内的消防安全重点单位，并由应急管理部门报本级人民政府备案。

"消防安全重点单位除应当履行本法第十六条规定的职责外，还应当履行下列消防安全职责：

"……

"(四)对职工进行岗前消防安全培训，定期组织消防安全培训和消防演练。"

故本题选 D。

36.依据《中华人民共和国消防法》，单位的(     )是本单位的消防安全责任人。

    A.主要负责人              B.安全管理人员

    C.部门负责人              D.消防安全管理人

正确答案：A

【试题解析】

《中华人民共和国消防法》第十六条是关于机关、团体、企业、事业等单位消防安全职责的规定。

"第十六条 机关、团体、企业、事业等单位应当履行下列消防安全职责：

"(一)落实消防安全责任制，制定本单位的消防安全制度、消防安全操作规程，制定灭火和应急疏散预案；

"（二）按照国家标准、行业标准配置消防设施、器材，设置消防安全标志，并定期组织检验、维修，确保完好有效；

"（三）对建筑消防设施每年至少进行一次全面检测，确保完好有效，检测记录应当完整准确，存档备查；

"（四）保障疏散通道、安全出口、消防车通道畅通，保证防火防烟分区、防火间距符合消防技术标准；

"（五）组织防火检查，及时消除火灾隐患；

"（六）组织进行有针对性的消防演练；

"（七）法律、法规规定的其他消防安全职责。

"单位的主要负责人是本单位的消防安全责任人。"

故本题选 A。

37. 单位或者个人违反《中华人民共和国突发事件应对法》有关规定，不服从所在地人民政府及其有关部门发布的决定、命令或者不配合其依法采取的措施，构成违反治安管理行为的，（　　）。

　　A. 依法追究民事责任　　　　　　　　B. 依法追究赔偿责任
　　C. 依法追究刑事责任　　　　　　　　D. 由公安机关依法给予处罚

**正确答案：D**

**【试题解析】**

《中华人民共和国突发事件应对法》第六十六条是关于单位或者个人治安管理违法行为的责任规定。

"第六十六条　单位或者个人违反本法规定，不服从所在地人民政府及其有关部门发布的决定、命令或者不配合其依法采取的措施，构成违反治安管理行为的，由公安机关依法给予处罚。"

故本题选 D。

38. 依据《中华人民共和国突发事件应对法》，突发事件是指突然发生，造成或者可能造成严重社会危害，需要采取应急处置措施予以应对的自然灾害、（　　）、公共卫生事件和社会安全事件。

　　A. 交通拥堵　　　　B. 事故灾难　　　　C. 群众集会　　　　D. 交通灾害

**正确答案：B**

**【试题解析】**

《中华人民共和国突发事件应对法》第三条是关于突发事件的定义和分级的规定。

"第三条　本法所称突发事件，是指突然发生，造成或者可能造成严重社会危害，需要采取应急处置措施予以应对的自然灾害、事故灾难、公共卫生事件和社会安全事件。

"按照社会危害程度、影响范围等因素，自然灾害、事故灾难、公共卫生事件分为特别重大、重大、较大和一般四级。法律、行政法规或者国务院另有规定的,从其规定。

"突发事件的分级标准由国务院或者国务院确定的部门制定。"

故本题选 B。

39.依据《中华人民共和国突发事件应对法》,突发事件的工作原则是( )。

A.处置为主、预防为辅      B.预防为主、预防与应急相结合

C.预防为主、处置为辅      D.处置与预防并重

正确答案:B

【试题解析】

《中华人民共和国突发事件应对法》第五条是关于突发事件应对工作原则,以及国家建立重大突发事件风险评估体系的规定。

"第五条 突发事件应对工作实行预防为主、预防与应急相结合的原则。国家建立重大突发事件风险评估体系,对可能发生的突发事件进行综合性评估,减少重大突发事件的发生,最大限度地减轻重大突发事件的影响。"

故本题选 B。

40.依据《中华人民共和国反恐怖主义法》,对航空器、列车、船舶、城市轨道车辆、( )等公共交通运输工具,营运单位应当依照规定配备安保人员和相应设备、设施,加强安全检查和保卫工作。

A.公共电汽车      B.大巴车

C.中巴车      D.长途客运汽车

正确答案:A

【试题解析】

《中华人民共和国反恐怖主义法》第三十五条是关于公共交通运输工具的营运单位配备安保人员和相应设备、设施的规定。

"第三十五条 对航空器、列车、船舶、城市轨道车辆、公共电汽车等公共交通运输工具,营运单位应当依照规定配备安保人员和相应设备、设施,加强安全检查和保卫工作。"

故本题选 A。

41.依据《中华人民共和国反恐怖主义法》,对航空器、列车、船舶、城市轨道车辆、公共电汽车等公共交通运输工具,营运单位应当依照规定配备( ),加强安全检查和保卫工作。

A.充足的灭火器      B.安保人员和相应设备、设施

C.司乘人员      D.宣传资料

正确答案:B

【试题解析】

《中华人民共和国反恐怖主义法》第三十五条是关于公共交通运输工具的营运单位配备安保人员和相应设备、设施的规定。

"第三十五条 对航空器、列车、船舶、城市轨道车辆、公共电汽车等公共交通运输工具,

营运单位应当依照规定配备安保人员和相应设备、设施,加强安全检查和保卫工作。"

故本题选 B。

42.《中华人民共和国反恐怖主义法》规定所称的恐怖活动组织,是指(　　)人以上为实施恐怖活动而组成的犯罪组织。

A. 十　　　　　　B. 四　　　　　　C. 五　　　　　　D. 三

**正确答案:D**

**【试题解析】**

《中华人民共和国反恐怖主义法》第三条是关于恐怖主义、恐怖活动、恐怖活动组织、恐怖活动人员、恐怖事件等定义的规定。

"第三条　本法所称恐怖主义,是指通过暴力、破坏、恐吓等手段,制造社会恐慌、危害公共安全、侵犯人身财产,或者胁迫国家机关、国际组织,以实现其政治、意识形态等目的的主张和行为。

"本法所称恐怖活动,是指恐怖主义性质的下列行为:

"(一)组织、策划、准备实施、实施造成或者意图造成人员伤亡、重大财产损失、公共设施损坏、社会秩序混乱等严重社会危害的活动的;

"(二)宣扬恐怖主义,煽动实施恐怖活动,或者非法持有宣扬恐怖主义的物品,强制他人在公共场所穿戴宣扬恐怖主义的服饰、标志的;

"(三)组织、领导、参加恐怖活动组织的;

"(四)为恐怖活动组织、恐怖活动人员、实施恐怖活动或者恐怖活动培训提供信息、资金、物资、劳务、技术、场所等支持、协助、便利的;

"(五)其他恐怖活动。

"本法所称恐怖活动组织,是指三人以上为实施恐怖活动而组成的犯罪组织。

"本法所称恐怖活动人员,是指实施恐怖活动的人和恐怖活动组织的成员。

"本法所称恐怖事件,是指正在发生或者已经发生的造成或者可能造成重大社会危害的恐怖活动。"

故本题选 D。

43. 依据《中华人民共和国民法典》,承运人应当(　　),及时告知旅客安全运输应当注意的事项。旅客对承运人为安全运输所作的合理安排应当积极协助和配合。

A. 履行公平义务　　　　　　　B. 履行公开义务
C. 履行平等义务　　　　　　　D. 严格履行安全运输义务

**正确答案:D**

**【试题解析】**

《中华人民共和国民法典》第八百一十九条是关于承运人安全运输义务的规定。

"第八百一十九条　承运人应当严格履行安全运输义务,及时告知旅客安全运输应当注意的事项。旅客对承运人为安全运输所作的合理安排应当积极协助和配合。"

故本题选 D。

44.依据《中华人民共和国民法典》,行为人因过错侵害他人民事权益造成损害的,( )承担侵权责任。

    A.禁止          B.应当          C.可以          D.不需要

**正确答案:B**

**【试题解析】**

本题出自《中华人民共和国民法典》第一千一百六十五条是关于行为人侵权责任的规定。

"第一千一百六十五条  行为人因过错侵害他人民事权益造成损害的,应当承担侵权责任。

"依照法律规定推定行为人有过错,其不能证明自己没有过错的,应当承担侵权责任。"

故本题选 B。

45.依据《中华人民共和国民法典》,承租人应当妥善保管租赁物,因保管不善造成租赁物毁损、灭失的,应当承担( )责任。

    A.刑事          B.赔偿          C.行政          D.治安

**正确答案:B**

**【试题解析】**

《中华人民共和国民法典》第七百一十四条是关于承租人赔偿责任的规定。

"第七百一十四条  承租人应当妥善保管租赁物,因保管不善造成租赁物毁损、灭失的,应当承担赔偿责任。"

故本题选 B。

46.依据《中华人民共和国职业病防治法》,( )应当为劳动者创造符合国家职业卫生标准和卫生要求的工作环境和条件,并采取措施保障劳动者获得职业卫生保护。

    A.各级工会组织    B.用人单位        C.各级政府        D.负责人

**正确答案:B**

**【试题解析】**

《中华人民共和国职业病防治法》第四条是关于劳动者职业卫生保护权、用人单位保障劳动者获得职业卫生保护的义务,以及工会职业病防治监督权的规定。

"第四条  劳动者依法享有职业卫生保护的权利。

"用人单位应当为劳动者创造符合国家职业卫生标准和卫生要求的工作环境和条件,并采取措施保障劳动者获得职业卫生保护。

"工会组织依法对职业病防治工作进行监督,维护劳动者的合法权益。用人单位制定或者修改有关职业病防治的规章制度,应当听取工会组织的意见。"

故本题选 B。

47.依据《中华人民共和国职业病防治法》,在职业病防治方面用人单位必须依法参加

(　　)。

    A. 失业保险       B. 意外保险       C. 工伤保险       D. 养老保险

正确答案：C

【试题解析】

《中华人民共和国职业病防治法》第七条是关于用人单位依法参加工伤保险义务，以及劳动保障行政部门对工伤保险进行监督管理的规定。

"第七条　用人单位必须依法参加工伤保险。

"国务院和县级以上地方人民政府劳动保障行政部门应当加强对工伤保险的监督管理，确保劳动者依法享受工伤保险待遇。"

故本题选 C。

48.依据《中华人民共和国劳动法》中有关职业培训的规定，以下选项表述不正确的是（　　）。

    A. 从事技术工种的劳动者，上岗前可以视情参加培训

    B. 各级人民政府应当把发展职业培训纳入社会经济发展的规划，鼓励和支持有条件的企业、事业组织、社会团体和个人进行各种形式的职业培训

    C. 用人单位应当建立职业培训制度，按照国家规定提取和使用职业培训经费，根据本单位实际，有计划地对劳动者进行职业培训

    D. 国家确定职业分类，并对规定的职业实行职业资格证书制度

正确答案：A

【试题解析】

《中华人民共和国劳动法》第六十七条是关于各级人民政府把发展职业培训纳入社会经济发展规划的规定。第六十八条是关于用人单位建立和实施职业培训制度的规定。第六十九条是关于国家确定职业分类，制定职业技能标准，实行职业资格证书制度，以及考核鉴定机构对劳动者实施职业技能考核鉴定的规定。

"第六十七条　各级人民政府应当把发展职业培训纳入社会经济发展的规划，鼓励和支持有条件的企业、事业组织、社会团体和个人进行各种形式的职业培训。

"第六十八条　用人单位应当建立职业培训制度，按照国家规定提取和使用职业培训经费，根据本单位实际，有计划地对劳动者进行职业培训。

"从事技术工种的劳动者，上岗前必须经过培训。

"第六十九条　国家确定职业分类，对规定的职业制定职业技能标准，实行职业资格证书制度，由经备案的考核鉴定机构负责对劳动者实施职业技能考核鉴定。"

故本题选 A。

49.依据《中华人民共和国治安管理处罚法》，非法携带枪支、弹药或者弩、匕首等国家规定的管制器具进入公共场所或者公共交通工具的，处(　　)拘留，可以并处五百元以下罚款。

A.五日      B.十日

C.五日以上十日以下      D.十五日

**正确答案:C**

**【试题解析】**

《中华人民共和国治安管理处罚法》第三十二条是关于非法携带国家规定的管制器具等违法行为的法律责任规定。

"第三十二条 非法携带枪支、弹药或者弩、匕首等国家规定的管制器具的,处五日以下拘留,可以并处五百元以下罚款;情节较轻的,处警告或者二百元以下罚款。

"非法携带枪支、弹药或者弩、匕首等国家规定的管制器具进入公共场所或者公共交通工具的,处五日以上十日以下拘留,可以并处五百元以下罚款。"

故本题选 C。

50.依据《生产安全事故报告和调查处理条例》,一般事故的死亡人数划分标准是( )。

A.3 人以上 10 人以下      B.30 人以上

C.3 人以下      D.10 人以上 30 人以下

**正确答案:C**

**【试题解析】**

《生产安全事故报告和调查处理条例》第三条是关于生产安全事故等级划分标准的规定。

"第三条 根据生产安全事故(以下简称事故)造成的人员伤亡或者直接经济损失,事故一般分为以下等级:

"(一)特别重大事故,是指造成30人以上死亡,或者100人以上重伤(包括急性工业中毒,下同),或者1亿元以上直接经济损失的事故;

"(二)重大事故,是指造成10人以上30人以下死亡,或者50人以上100人以下重伤,或者5000万元以上1亿元以下直接经济损失的事故;

"(三)较大事故,是指造成3人以上10人以下死亡,或者10人以上50人以下重伤,或者1000万元以上5000万元以下直接经济损失的事故;

"(四)一般事故,是指造成3人以下死亡,或者10人以下重伤,或者1000万元以下直接经济损失的事故。

"国务院安全生产监督管理部门可以会同国务院有关部门,制定事故等级划分的补充性规定。

"本条第一款所称的'以上'包括本数,所称的'以下'不包括本数。"

故本题选 C。

51.依据《生产安全事故报告和调查处理条例》,以下选项中不属于事故调查处理需要进行的活动的是( )。

A.及时、准确地查清事故经过、事故原因和事故损失

B. 查明事故性质,认定事故责任

C. 总结事故教训,提出整改措施

D. 对事故责任相关人员进行培训教育

正确答案:D

【试题解析】

《生产安全事故报告和调查处理条例》第四条是关于事故报告和事故调查处理要求的规定。

"第四条　事故报告应当及时、准确、完整,任何单位和个人对事故不得迟报、漏报、谎报或者瞒报。

"事故调查处理应当坚持实事求是、尊重科学的原则,及时、准确地查清事故经过、事故原因和事故损失,查明事故性质,认定事故责任,总结事故教训,提出整改措施,并对事故责任者依法追究责任。"

故本题选 D。

52. 依据《生产安全事故报告和调查处理条例》,道路交通事故、火灾事故自发生之日起( )日内,事故造成的伤亡人数发生变化的,应当及时补报。

　　A. 7　　　　　　B. 10　　　　　　C. 15　　　　　　D. 30

正确答案:A

【试题解析】

《生产安全事故报告和调查处理条例》第十三条是关于事故报告后补报的规定。

"第十三条　事故报告后出现新情况的,应当及时补报。

"自事故发生之日起 30 日内,事故造成的伤亡人数发生变化的,应当及时补报。道路交通事故、火灾事故自发生之日起 7 日内,事故造成的伤亡人数发生变化的,应当及时补报。"

故本题选 A。

53. 依据《生产安全事故应急条例》,生产经营单位应当针对本单位可能发生的生产安全事故的特点和危害,进行风险辨识和评估,制定相应的生产安全事故应急救援预案,并向本单位( )公布。

　　A. 管理人员　　　B. 安全员　　　　C. 从业人员　　　D. 消防人员

正确答案:C

【试题解析】

《生产安全事故应急条例》第五条是关于生产安全事故风险辨识和评估,应急救援预案制定和公布的规定。

"第五条　县级以上人民政府及其负有安全生产监督管理职责的部门和乡、镇人民政府以及街道办事处等地方人民政府派出机关,应当针对可能发生的生产安全事故的特点和危害,进行风险辨识和评估,制定相应的生产安全事故应急救援预案,并依法向社会公布。

"生产经营单位应当针对本单位可能发生的生产安全事故的特点和危害,进行风险辨识和评估,制定相应的生产安全事故应急救援预案,并向本单位从业人员公布。"

故本题选 C。

54.依据《生产安全事故应急条例》,县级以上地方人民政府以及县级以上人民政府负有安全生产监督管理职责的部门,乡、镇人民政府以及街道办事处等地方人民政府派出机关,应当至少每( )年组织 1 次生产安全事故应急救援预案演练。

A.4 　　　　B.3 　　　　C.2 　　　　D.1

**正确答案:C**

**【试题解析】**

《生产安全事故应急条例》第八条是关于生产安全事故应急救援预案演练的规定。

"第八条 县级以上地方人民政府以及县级以上人民政府负有安全生产监督管理职责的部门,乡、镇人民政府以及街道办事处等地方人民政府派出机关,应当至少每 2 年组织 1 次生产安全事故应急救援预案演练。

"易燃易爆物品、危险化学品等危险物品的生产、经营、储存、运输单位,矿山、金属冶炼、城市轨道交通运营、建筑施工单位,以及宾馆、商场、娱乐场所、旅游景区等人员密集场所经营单位,应当至少每半年组织 1 次生产安全事故应急救援预案演练,并将演练情况报送所在地县级以上地方人民政府负有安全生产监督管理职责的部门。

"县级以上地方人民政府负有安全生产监督管理职责的部门应当对本行政区域内前款规定的重点生产经营单位的生产安全事故应急救援预案演练进行抽查;发现演练不符合要求的,应当责令限期改正。"

故本题选 C。

55.依据《生产安全事故应急条例》,规模较大、危险性较高的易燃易爆物品、危险化学品等危险物品的生产、经营、储存、运输单位应当成立应急处置技术组,实行( )小时应急值班。

A.8 　　　　B.12 　　　　C.18 　　　　D.24

**正确答案:D**

**【试题解析】**

《生产安全事故应急条例》第十四条是关于应当建立应急值班制度,配备应急值班人员要求的规定。

"第十四条 下列单位应当建立应急值班制度,配备应急值班人员:

"(一)县级以上人民政府及其负有安全生产监督管理职责的部门;

"(二)危险物品的生产、经营、储存、运输单位以及矿山、金属冶炼、城市轨道交通运营、建筑施工单位;

"(三)应急救援队伍。

"规模较大、危险性较高的易燃易爆物品、危险化学品等危险物品的生产、经营、储存、运输单位应当成立应急处置技术组,实行 24 小时应急值班。"

故本题选 D。

56.依据《生产安全事故应急条例》,易燃易爆物品、危险化学品等危险物品的生产、经营、储存、运输单位,矿山、金属冶炼、城市轨道交通运营、建筑施工单位,以及宾馆、商场、娱乐场所、旅游景区等人员密集场所经营单位,应当至少每(　　)组织 1 次生产安全事故应急救援预案演练,并将演练情况报送所在地县级以上地方人民政府负有安全生产监督管理职责的部门。

　　A.半年　　　　　　B.1 年　　　　　　C.2 年　　　　　　D.3 年

正确答案:A

【试题解析】《生产安全事故应急条例》第八条是关于生产安全事故应急救援预案演练的规定。

"第八条　……

"易燃易爆物品、危险化学品等危险物品的生产、经营、储存、运输单位,矿山、金属冶炼、城市轨道交通运营、建筑施工单位,以及宾馆、商场、娱乐场所、旅游景区等人员密集场所经营单位,应当至少每半年组织 1 次生产安全事故应急救援预案演练,并将演练情况报送所在地县级以上地方人民政府负有安全生产监督管理职责的部门。

"……"

故本题选 A。

57.依据《中共中央　国务院关于推进安全生产领域改革发展的意见》,企业实行全员安全生产责任制度,企业的安全生产第一责任人是(　　)。

　　A.技术管理负责人　　　　　　　　B.安全管理负责人
　　C.企业董事会　　　　　　　　　　D.法定代表人和实际控制人

正确答案:D

【试题解析】

《中共中央　国务院关于推进安全生产领域改革发展的意见》第二条"健全落实安全生产责任制"中第六款"严格落实企业主体责任"是关于企业主体责任的规定。

"(六)严格落实企业主体责任。企业对本单位安全生产和职业健康工作负全面责任,要严格履行安全生产法定责任,建立健全自我约束、持续改进的内生机制。企业实行全员安全生产责任制度。法定代表人和实际控制人同为安全生产第一责任人,主要技术负责人负有安全生产技术决策和指挥权,强化部门安全生产职责,落实一岗双责。完善落实混合所有制企业以及跨地区、多层级和境外中资企业投资主体的安全生产责任。建立企业全过程安全生产和职业健康管理制度,做到安全责任、管理、投入、培训和应急救援'五到位'。国有企业要发挥安全生产工作示范带头作用,自觉接受属地监管。"

故本题选 D。

58.依据《中共中央　国务院关于推进安全生产领域改革发展的意见》,(　　)对本单位安全生产和职业健康工作负全面责任。

A.企业                                    B.地方党委

C.地方政府                                D.安全生产监督管理部门

正确答案:A

【试题解析】

《中共中央　国务院关于推进安全生产领域改革发展的意见》第二条"健全落实安全生产责任制"中第六款"严格落实企业主体责任"是关于企业主体责任的规定。

"(六)严格落实企业主体责任。企业对本单位安全生产和职业健康工作负全面责任,要严格履行安全生产法定责任,建立健全自我约束、持续改进的内生机制。企业实行全员安全生产责任制度。法定代表人和实际控制人同为安全生产第一责任人,主要技术负责人负有安全生产技术决策和指挥权,强化部门安全生产职责,落实一岗双责。完善落实混合所有制企业以及跨地区、多层级和境外中资企业投资主体的安全生产责任。建立企业全过程安全生产和职业健康管理制度,做到安全责任、管理、投入、培训和应急救援'五到位'。国有企业要发挥安全生产工作示范带头作用,自觉接受属地监管。"

故本题选 A。

59.依据《中共中央　国务院关于推进安全生产领域改革发展的意见》,安全生产的方针是(　　),加强领导、改革创新,协调联动、齐抓共管。

A.预防为主、防治结合、综合治理

B.安全第一、预防为主、综合治理

C.安全第一、风险管控、隐患排查

D.依法监管、源头防范、综合治理

正确答案:B

【试题解析】

《中共中央　国务院关于推进安全生产领域改革发展的意见》第一条"总体要求"中第一款"指导思想"是关于推进安全生产领域改革发展的指导思想的规定。

"(一)指导思想。全面贯彻党的十八大和十八届三中、四中、五中、六中全会精神,以邓小平理论、"三个代表"重要思想、科学发展观为指导,深入贯彻习近平总书记系列重要讲话精神和治国理政新理念新思想新战略,进一步增强"四个意识",紧紧围绕统筹推进"五位一体"总体布局和协调推进"四个全面"战略布局,牢固树立新发展理念,坚持安全发展,坚守发展决不能以牺牲安全为代价这条不可逾越的红线,以防范遏制重特大生产安全事故为重点,坚持安全第一、预防为主、综合治理的方针,加强领导、改革创新,协调联动、齐抓共管,着力强化企业安全生产主体责任,着力堵塞监督管理漏洞,着力解决不遵守法律法规的问题,依靠严密的责任体系、严格的法治措施、有效的体制机制、有力的基础保障和完善的系统治理,切实增强安全防范治理能力,大力提升我国安全生产整体水平,确保人民群众安康幸福、共享改革发展和社会文明进步成果。"

故本题选 B。

60.依据《中共中央　国务院关于推进安全生产领域改革发展的意见》,以下关于企业安全生产说法错误的是(　　)。

　　A.企业对本单位安全生产和职业健康工作负全面责任,要严格履行安全生产法定责任,建立健全自我约束、持续改进的内生机制

　　B.建立企业全过程安全生产和职业健康管理制度,做到安全责任、管理、投入、培训和应急救援"五到位"

　　C.落实企业安全生产责任制度,安全管理人员为安全生产第一责任人,主要技术负责人负有安全生产技术决策和指挥权

　　D.国有企业要发挥安全生产工作示范带头作用,自觉接受属地监管

**正确答案:C**

**【试题解析】**

《中共中央　国务院关于推进安全生产领域改革发展的意见》第二条"健全落实安全生产责任制"中第六款"严格落实企业主体责任"是关于企业主体责任的规定。

"(六)严格落实企业主体责任。企业对本单位安全生产和职业健康工作负全面责任,要严格履行安全生产法定责任,建立健全自我约束、持续改进的内生机制。企业实行全员安全生产责任制度。法定代表人和实际控制人同为安全生产第一责任人,主要技术负责人负有安全生产技术决策和指挥权,强化部门安全生产职责,落实一岗双责。完善落实混合所有制企业以及跨地区、多层级和境外中资企业投资主体的安全生产责任。建立企业全过程安全生产和职业健康管理制度,做到安全责任、管理、投入、培训和应急救援"五到位"。国有企业要发挥安全生产工作示范带头作用,自觉接受属地监管。"

故本题选C。

61.依据《生产安全事故应急预案管理办法》,生产经营单位(　　)负责组织编制和实施本单位的应急预案,并对应急预案的真实性和实用性负责。

　　A.主要负责人　　　B.安全总监　　　　C.安全管理人员　　　D.总工程师

**正确答案:A**

**【试题解析】**

《生产安全事故应急预案管理办法》第五条是关于生产经营单位主要负责人、各分管负责人关于应急预案的职责规定。

"第五条　生产经营单位主要负责人负责组织编制和实施本单位的应急预案,并对应急预案的真实性和实用性负责;各分管负责人应当按照职责分工落实应急预案规定的职责。"

故本题选A。

62.依据《生产安全事故应急预案管理办法》,生产经营单位风险种类多、可能发生多种类型事故的,应当组织编制(　　)。

　　A.综合应急预案　　　　　　　　　B.应急演练预案

　　C.专项应急预案　　　　　　　　　D.现场工作方案

正确答案：A

【试题解析】

《生产安全事故应急预案管理办法》第十三条是关于风险种类多、可能发生多种类型事故的生产经营单位编制综合应急预案的规定。

"第十三条 生产经营单位风险种类多、可能发生多种类型事故的，应当组织编制综合应急预案。

"综合应急预案应当规定应急组织机构及其职责、应急预案体系、事故风险描述、预警及信息报告、应急响应、保障措施、应急预案管理等内容。"

故本题选 A。

63. 依据《生产安全事故应急预案管理办法》，对于危险性较大的场所、装置或者设施，生产经营单位应当编制(    )。

    A. 安全工作方案               B. 应急演练预案

    C. 安全管理制度               D. 现场处置方案

正确答案：D

【试题解析】

《生产安全事故应急预案管理办法》第十五条是关于生产经营单位编制现场处置方案的规定。

"第十五条 对于危险性较大的场所、装置或者设施，生产经营单位应当编制现场处置方案。

"现场处置方案应当规定应急工作职责、应急处置措施和注意事项等内容。

"事故风险单一、危险性小的生产经营单位，可以只编制现场处置方案。"

故本题选 D。

64. 依据《生产安全事故应急预案管理办法》，生产经营单位应当在编制应急预案的基础上，针对工作场所、岗位的特点，编制简明、实用、有效的(    )。

    A. 应急处置手册               B. 应急处置口诀

    C. 应急处置卡                D. 工作手册

正确答案：C

【试题解析】

《生产安全事故应急预案管理办法》第十九条是关于生产经营单位编制应急处置卡的规定。

"第十九条 生产经营单位应当在编制应急预案的基础上，针对工作场所、岗位的特点，编制简明、实用、有效的应急处置卡。

"应急处置卡应当规定重点岗位、人员的应急处置程序和措施，以及相关联络人员和联系方式，便于从业人员携带。"

故本题选 C。

65.依据《生产安全事故应急预案管理办法》,生产经营单位的应急预案经评审或者论证后,由(　　)签署,向本单位从业人员公布,并及时发放到本单位有关部门、岗位和相关应急救援队伍。

A.本单位技术负责人　　　　　　B.本单位主要负责人

C.本单位安全负责人　　　　　　D.本单位预案编制人员

**正确答案:B**

【试题解析】

《生产安全事故应急预案管理办法》第二十四条是关于生产经营单位应急预案经评审或者论证后签署、公布、发放、告知的规定。

"第二十四条　生产经营单位的应急预案经评审或者论证后,由本单位主要负责人签署,向本单位从业人员公布,并及时发放到本单位有关部门、岗位和相关应急救援队伍。

"事故风险可能影响周边其他单位、人员的,生产经营单位应当将有关事故风险的性质、影响范围和应急防范措施告知周边的其他单位和人员。"

故本题选 B。

66.依据《生产安全事故应急预案管理办法》,易燃易爆物品、危险化学品等危险物品的生产、经营、储存、运输单位,矿山、金属冶炼、城市轨道交通运营、建筑施工单位,以及宾馆、商场、娱乐场所、旅游景区等人员密集场所经营单位,应当在应急预案公布之日起(　　)个工作日内,按照分级属地原则,向县级以上人民政府应急管理部门和其他负有安全生产监督管理职责的部门进行备案,并依法向社会公布。

A.15　　　　　　B.20　　　　　　C.30　　　　　　D.45

**正确答案:B**

【试题解析】

《生产安全事故应急预案管理办法》第二十六条是关于有关生产经营单位应急预案备案、抄送的规定。

"第二十六条　易燃易爆物品、危险化学品等危险物品的生产、经营、储存、运输单位,矿山、金属冶炼、城市轨道交通运营、建筑施工单位,以及宾馆、商场、娱乐场所、旅游景区等人员密集场所经营单位,应当在应急预案公布之日起 20 个工作日内,按照分级属地原则,向县级以上人民政府应急管理部门和其他负有安全生产监督管理职责的部门进行备案,并依法向社会公布。

"前款所列单位属于中央企业的,其总部(上市公司)的应急预案,报国务院主管的负有安全生产监督管理职责的部门备案,并抄送应急管理部;其所属单位的应急预案报所在地的省、自治区、直辖市或者设区的市级人民政府主管的负有安全生产监督管理职责的部门备案,并抄送同级人民政府应急管理部门。

"本条第一款所列单位不属于中央企业的,其中非煤矿山、金属冶炼和危险化学品生产、经营、储存、运输企业,以及使用危险化学品达到国家规定数量的化工企业、烟花爆竹生产、批发经营企业的应急预案，按照隶属关系报所在地县级以上地方人民政府应急管理部门备案；本款前述单位以外的其他生产经营单位应急预案的备案，由省、自治区、直辖市人民政府负有安全生产监督管理职责的部门确定。

"油气输送管道运营单位的应急预案，除按照本条第一款、第二款的规定备案外，还应当抄送所经行政区域的县级人民政府应急管理部门。

"海洋石油开采企业的应急预案，除按照本条第一款、第二款的规定备案外，还应当抄送所经行政区域的县级人民政府应急管理部门和海洋石油安全监管机构。

"煤矿企业的应急预案除按照本条第一款、第二款的规定备案外，还应当抄送所在地的煤矿安全监察机构。"

故本题选 B。

67.依据《生产安全事故应急预案管理办法》，矿山、金属冶炼、建筑施工企业和易燃易爆物品、危险化学品等危险物品的生产、经营、储存、运输企业、使用危险化学品达到国家规定数量的化工企业、烟花爆竹生产、批发经营企业和中型规模以上的其他生产经营单位，应当每（    ）进行一次应急预案评估。

A.半年　　　　　　B.一年　　　　　　C.两年　　　　　　D.三年

正确答案：D

【试题解析】

《生产安全事故应急预案管理办法》第三十五条是关于应急预案定期评估制度的规定。

"第三十五条　应急预案编制单位应当建立应急预案定期评估制度，对预案内容的针对性和实用性进行分析，并对应急预案是否需要修订作出结论。

"矿山、金属冶炼、建筑施工企业和易燃易爆物品、危险化学品等危险物品的生产、经营、储存、运输企业、使用危险化学品达到国家规定数量的化工企业、烟花爆竹生产、批发经营企业和中型规模以上的其他生产经营单位，应当每三年进行一次应急预案评估。

"应急预案评估可以邀请相关专业机构或者有关专家、有实际应急救援工作经验的人员参加，必要时可以委托安全生产技术服务机构实施。"

故本题选 D。

68.依据《交通运输突发事件应急管理规定》，交通运输主管部门、交通运输企业应当建立（    ），根据交通运输突发事件的种类、特点和实际需要，配备必要值班设施和人员。

A.领导带班制度　　　　　　B.应急管理人员责任制
C.应急救援队伍　　　　　　D.应急值班制度

正确答案：D

【试题解析】

《交通运输突发事件应急管理规定》第二十九条是关于交通运输主管部门、交通运输企业建立应急值班制度的规定。

"第二十九条　交通运输主管部门、交通运输企业应当建立应急值班制度，根据交通运输突发事件的种类、特点和实际需要,配备必要值班设施和人员。"

故本题选 D。

69.依据《交通运输突发事件应急管理规定》,交通运输企业应当根据实际需要,建立由( )组成的专职或者兼职应急队伍。

　　A.本单位安全负责人　　　　　　B.本单位职工

　　C.单位负责人　　　　　　　　　D.本单位安全员

**正确答案:B**

【试题解析】

《交通运输突发事件应急管理规定》第十四条是关于交通运输主管部门、交通运输企业建设交通运输专业应急队伍的规定。

"第十四条　交通运输主管部门可以根据交通运输突发事件应急处置的实际需要,统筹规划、建设交通运输专业应急队伍。

"交通运输企业应当根据实际需要,建立由本单位职工组成的专职或者兼职应急队伍。"

故本题选 B。

70.依据《企业安全生产费用提取和使用管理办法》,从事客运业务的交通运输企业以上年度实际营业收入为计提依据,按照( )的标准平均逐月提取。

　　A.2%　　　　　　B.0.5%　　　　　　C.1%　　　　　　D.1.5%

**正确答案:D**

【试题解析】

《企业安全生产费用提取和使用管理办法》第二十四条是关于交通运输企业计提安全生产费用的规定。

"第二十四条　交通运输企业以上一年度营业收入为依据,确定本年度应计提金额,并逐月平均提取。具体如下:

"(一)普通货运业务1%;

"(二)客运业务、管道运输、危险品等特殊货运业务1.5%。"

故本题选 D。

71.依据《企业安全生产费用提取和使用管理办法》,下列不属于交通运输企业安全生产费用使用范围的是( )。

　　A.企业安全生产宣传、教育、培训支出

　　B.安全设施及特种设备检测检验支出

　　C.完善、改造和维护安全防护设施设备支出

　　D.新建、改建、扩建项目的安全评价支出

**正确答案:D**

【试题解析】

《企业安全生产费用提取和使用管理办法》第二十五条是关于交通运输企业安全生产费

用支出范围的规定。

"第二十五条 交通运输企业安全生产费用应当用于以下支出：

"(一)完善、改造和维护安全防护设施设备支出(不含18"三同时"要求初期投入的安全设施)，包括道路、水路、铁路、城市轨道交通、管道运输设施设备和装卸工具安全状况检测及维护系统、运输设施设备和装卸工具附属安全设备等支出；

"(二)购置、安装和使用具有行驶记录功能的车辆卫星定位装置、视频监控装置、船舶通信导航定位和自动识别系统、电子海图等支出；

"(三)铁路和城市轨道交通防灾监测预警设备及铁路周界入侵报警系统、铁路危险品运输安全监测设备支出；

"(四)配备、维护、保养应急救援器材、设备支出和应急救援队伍建设、应急预案制修订与应急演练支出；

"(五)开展重大危险源检测、评估、监控支出，安全风险分级管控和事故隐患排查整改支出，安全生产信息化、智能化建设、运维和网络安全支出；

"(六)安全生产检查、评估评价(不含新建、改建、扩建项目安全评价)、咨询和标准化建设支出；

"(七)配备和更新现场作业人员安全防护用品支出；

"(八)安全生产宣传、教育、培训和从业人员发现并报告事故隐患的奖励支出；

"(九)安全生产适用的新技术、新标准、新工艺、新装备的推广应用支出；

"(十)安全设施及特种设备检测检验、检定校准、铁路和城市轨道交通基础设备安全检测支出；

"(十一)安全生产责任保险及承运人责任保险支出；

"(十二)与安全生产直接相关的其他支出。"

故本题选 D。

72.依据《企业安全生产费用提取和使用管理办法》，企业年度安全费用使用计划和上一年安全费用的提取、使用情况按照管理权限报同级相关管理部门(　　　)。

　　A.留存　　　　　　B.检查　　　　　　C.备案　　　　　　D.审批

**正确答案：C**

**【试题解析】**

《企业安全生产费用提取和使用管理办法》(财企〔2012〕16号)第三十二条规定："企业应当加强安全费用管理，编制年度安全费用提取和使用计划，纳入企业财务预算。企业年度安全费用使用计划和上一年安全费用的提取、使用情况按照管理权限报同级财政部门、安全生产监督管理部门、煤矿安全监察机构和行业主管部门备案"。

2022年12月12日，《企业安全生产费用提取和使用管理办法》(财资〔2022〕136号)印发实施，《企业安全生产费用提取和使用管理办法》(财企〔2012〕16号)废止。

73.依据《机关、团体、企业、事业单位消防安全管理规定》，单位可以根据需要确定本单位的消防安全管理人。消防安全管理人对( )负责,实施和组织落实相关消防安全管理工作。

    A.单位的消防安全责任人        B.法定代表人

    C.实际控制人                D.分管安全生产的领导

**正确答案:A**

**【试题解析】**

《机关、团体、企业、事业单位消防安全管理规定》第七条是关于消防安全管理人实施和组织落实消防安全管理工作的规定。

"第七条 单位可以根据需要确定本单位的消防安全管理人。消防安全管理人对单位的消防安全责任人负责,实施和组织落实下列消防安全管理工作:

"(一)拟订年度消防工作计划,组织实施日常消防安全管理工作;

"(二)组织制订消防安全制度和保障消防安全的操作规程并检查督促其落实;

"(三)拟订消防安全工作的资金投入和组织保障方案;

"(四)组织实施防火检查和火灾隐患整改工作;

"(五)组织实施对本单位消防设施、灭火器材和消防安全标志的维护保养,确保其完好有效,确保疏散通道和安全出口畅通;

"(六)组织管理专职消防队和义务消防队;

"(七)在员工中组织开展消防知识、技能的宣传教育和培训,组织灭火和应急疏散预案的实施和演练;

"(八)单位消防安全责任人委托的其他消防安全管理工作。

"消防安全管理人应当定期向消防安全责任人报告消防安全情况,及时报告涉及消防安全的重大问题。未确定消防安全管理人的单位,前款规定的消防安全管理工作由单位消防安全责任人负责实施。"

故本题选 A。

74.依据《机关、团体、企业、事业单位消防安全管理规定》,单位应当按照国家有关规定,结合本单位的特点,建立健全各项消防安全制度和( ),并公布执行。

    A.工作流程             B.保障消防安全的操作规程

    C.应急预案             D.操作技术指南

**正确答案:B**

**【试题解析】**

《机关、团体、企业、事业单位消防安全管理规定》第十八条是关于单位建立健全各项消防安全制度和保障消防安全操作规程并公布执行的规定。

"第十八条 单位应当按照国家有关规定,结合本单位的特点,建立健全各项消防安全制度和保障消防安全的操作规程,并公布执行。

"单位消防安全制度主要包括以下内容:消防安全教育、培训;防火巡查、检查;安全疏散设施管理;消防(控制室)值班;消防设施、器材维护管理;火灾隐患整改;用火、用电安全管理;易燃易爆危险物品和场所防火防爆;专职和义务消防队的组织管理;灭火和应急疏散预案演练;燃气和电气设备的检查和管理(包括防雷、防静电);消防安全工作考评和奖惩;其他必要的消防安全内容。"

故本题选 B。

75. 依据《机关、团体、企业、事业单位消防安全管理规定》,机关、团体、事业单位应当至少每季度进行一次防火检查,其他单位应当至少( )进行一次防火检查。

A. 每月 　　　　B. 每两周 　　　　C. 每周 　　　　D. 每两个月

正确答案:A

【试题解析】

《机关、团体、企业、事业单位消防安全管理规定》第二十六条是关于机关、团体、事业单位防火检查责任的规定。

"第二十六条 机关、团体、事业单位应当至少每季度进行一次防火检查,其他单位应当至少每月进行一次防火检查。检查的内容应当包括:

"(一)火灾隐患的整改情况以及防范措施的落实情况;

"(二)安全疏散通道、疏散指示标志、应急照明和安全出口情况;

"(三)消防车通道、消防水源情况;

"(四)灭火器材配置及有效情况;

"(五)用火、用电有无违章情况;

"(六)重点工种人员以及其他员工消防知识的掌握情况;

"(七)消防安全重点部位的管理情况;

"(八)易燃易爆危险物品和场所防火防爆措施的落实情况以及其他重要物资的防火安全情况;

"(九)消防(控制室)值班情况和设施运行、记录情况;

"(十)防火巡查情况;

"(十一)消防安全标志的设置情况和完好、有效情况;

"(十二)其他需要检查的内容。

"防火检查应当填写检查记录。检查人员和被检查部门负责人应当在检查记录上签名。"

故本题选 A。

76. 依据《机关、团体、企业、事业单位消防安全管理规定》,单位对存在的火灾隐患,应当及时予以( )。

A. 识别 　　　　B. 记录 　　　　C. 上报 　　　　D. 消除

正确答案:D

【试题解析】

《机关、团体、企业、事业单位消防安全管理规定》第三十条是关于单位对存在的火灾隐患,应当及时予以消除的规定。

"第三十条 单位对存在的火灾隐患,应当及时予以消除。"

故本题选 D。

77.依据《机关、团体、企业、事业单位消防安全管理规定》,单位应当通过多种形式开展经常性的消防安全宣传教育。消防安全重点单位对每名员工应当至少(　　)进行一次消防安全培训。

　　A.每年　　　　　　B.每半年　　　　　　C.每季度　　　　　　D.每两年

正确答案:A

【试题解析】

《机关、团体、企业、事业单位消防安全管理规定》第三十六条是关于消防安全重点单位开展消防安全宣传教育和培训的规定。

"第三十六条 单位应当通过多种形式开展经常性的消防安全宣传教育。消防安全重点单位对每名员工应当至少每年进行一次消防安全培训。宣传教育和培训内容应当包括:

"(一)有关消防法规、消防安全制度和保障消防安全的操作规程;

"(二)本单位、本岗位的火灾危险性和防火措施;

"(三)有关消防设施的性能、灭火器材的使用方法;

"(四)报火警、扑救初起火灾以及自救逃生的知识和技能。

"公众聚集场所对员工的消防安全培训应当至少每半年进行一次,培训的内容还应当包括组织、引导在场群众疏散的知识和技能。

"单位应当组织新上岗和进入新岗位的员工进行上岗前的消防安全培训。"

故本题选 A。

78.依据《机关、团体、企业、事业单位消防安全管理规定》,消防安全重点单位应当按照灭火和应急疏散预案,至少每半年进行一次演练,并结合实际,不断完善预案。其他单位应当结合本单位实际,参照制定相应的应急方案,至少(　　)组织一次演练。

　　A.每半年　　　　　　B.每年　　　　　　C.每季度　　　　　　D.每两年

正确答案:B

【试题解析】

《机关、团体、企业、事业单位消防安全管理规定》第四十条是关于消防安全重点单位制定完善灭火和应急疏散预案、组织演练,其他单位制定相应应急方案和组织演练的规定。

"第四十条 消防安全重点单位应当按照灭火和应急疏散预案,至少每半年进行一次演练,并结合实际,不断完善预案。其他单位应当结合本单位实际,参照制定相应的应急方案,至少每年组织一次演练。

"消防演练时,应当设置明显标识并事先告知演练范围内的人员。"

故本题选 B。

79.依据《交通运输企业安全生产标准化建设基本规范》,安全生产标准化的建设,应当以(　　)为核心。

A. 双重预防工作机制　　　　　B. 有效防范化解

C. 安全生产责任制　　　　　　D. 预防事故发生

**正确答案:C**

【试题解析】

《交通运输企业安全生产标准化建设基本规范　第1部分:总体要求》(JT/T 1180.1—2018)中4.1原则下的4.1.2是关于安全生产标准化的建设基础、核心、理念等的规定。

"4.1.2 安全生产标准化的建设,应以风险管理、隐患排查治理,职业病危害防治为基础,以安全生产责任制为核心,树立任何事故都是可以预防的理念,与企业其他方面的管理有机地结合起来,注重科学性、规范性和系统性。"

故本题选C。

80.依据《消防安全责任制实施办法》,机关、团体、企业、事业等单位是消防安全的责任主体,(　　)是本单位、本场所消防安全责任人,对本单位、本场所消防安全全面负责。

A. 安全生产管理人员　　　　　B. 部门负责人

C. 班组组长　　　　　　　　　D. 法定代表人、主要负责人或实际控制人

**正确答案:D**

【试题解析】

《消防安全责任制实施办法》第四条是关于消防安全责任主体、消防安全责任人消防安全管理人的规定。

"第四条　坚持安全自查、隐患自除、责任自负。机关、团体、企业、事业等单位是消防安全的责任主体,法定代表人、主要负责人或实际控制人是本单位、本场所消防安全责任人,对本单位、本场所消防安全全面负责。

"消防安全重点单位应当确定消防安全管理人,组织实施本单位的消防安全管理工作。"

故本题选D。

81.依据《消防安全责任制实施办法》,因消防安全责任不落实发生(　　)火灾事故的,依法依规追究单位直接责任人、法定代表人、主要负责人或实际控制人的责任,对履行职责不力、失职渎职的政府及有关部门负责人和工作人员实行问责,涉嫌犯罪的,移送司法机关处理。

A. 较大　　　　B. 重大　　　　C. 一般及以上　　　　D. 特大

**正确答案:C**

【试题解析】

《消防安全责任制实施办法》第二十八条是关于因消防安全责任不落实发生一般及以上火灾事故法律责任主体,组织调查处理造成人员死亡或产生社会影响的一般火灾事故、重大火灾事故、特别重大火灾事故主体的规定。

"第二十八条　因消防安全责任不落实发生一般及以上火灾事故的,依法依规追究单位

直接责任人、法定代表人、主要负责人或实际控制人的责任,对履行职责不力、失职渎职的政府及有关部门负责人和工作人员实行问责,涉嫌犯罪的,移送司法机关处理。

"发生造成人员死亡或产生社会影响的一般火灾事故的,由事故发生地县级人民政府负责组织调查处理;发生较大火灾事故的,由事故发生地设区的市级人民政府负责组织调查处理;发生重大火灾事故的,由事故发生地省级人民政府负责组织调查处理;发生特别重大火灾事故的,由国务院或国务院授权有关部门负责组织调查处理。"

故本题选 C。

82.以下选项不属于安全生产管理方针的是( )。

A.安全第一　　　　B.协调管理　　　　C.预防为主　　　　D.综合治理

**正确答案:B**

**【试题解析】**

《中华人民共和国安全生产法》第三条是关于安全生产工作指导思想、方针、原则和机制的规定。

"第三条　安全生产工作坚持中国共产党的领导。

"安全生产工作应当以人为本,坚持人民至上、生命至上,把保护人民生命安全摆在首位,树牢安全发展理念,坚持安全第一、预防为主、综合治理的方针,从源头上防范化解重大安全风险。

"安全生产工作实行管行业必须管安全、管业务必须管安全、管生产经营必须管安全,强化和落实生产经营单位主体责任与政府监管责任,建立生产经营单位负责、职工参与、政府监管、行业自律和社会监督的机制。"

故本题选 B。

83.依据《中华人民共和国安全生产法》,城市客运企业的主要负责人在本单位发生生产安全事故时,不立即组织抢救或者在事故调查处理期间擅离职守或者逃匿的,给予降级、撤职的处分,并由应急管理部门处上一年年收入百分之六十至百分之一百的罚款;对逃匿的处( )日以下拘留;构成犯罪的,依照刑法有关规定追究刑事责任。

A.5　　　　　　　B.10　　　　　　　C.15　　　　　　　D.20

**正确答案:C**

**【试题解析】**

《中华人民共和国安全生产法》第一百一十条是关于生产经营单位的主要负责人在本单位发生生产安全事故时,不立即组织抢救或者在事故调查处理期间擅离职守或者逃匿应承担法律责任的规定。

"第一百一十条　生产经营单位的主要负责人在本单位发生生产安全事故时,不立即组织抢救或者在事故调查处理期间擅离职守或者逃匿的,给予降级、撤职的处分,并由应急管理部门处上一年年收入百分之六十至百分之一百的罚款;对逃匿的处十五日以下拘留;构成犯罪的,依照刑法有关规定追究刑事责任。

"生产经营单位的主要负责人对生产安全事故隐瞒不报、谎报或者迟报的,依照前款规定处罚。"

故本题选C。

84.依据《中华人民共和国安全生产法》,关于企业主要负责人在本单位安全生产工作的相关职责,以下说法不正确的是(　　)。

A.建立、健全本单位安全生产责任制

B.组织制定本单位安全生产规章制度和操作规程

C.负责本单位安全生产考核和检查工作

D.保证本单位安全生产投入的有效实施

**正确答案:C**

**【试题解析】**

《中华人民共和国安全生产法》第二十一条是关于生产经营单位主要负责人对本单位安全生产工作所负职责的规定,也是主要负责人对本单位安全生产工作全面负责的具体要求。

"第二十一条　生产经营单位的主要负责人对本单位安全生产工作负有下列职责:

"(一)建立健全并落实本单位全员安全生产责任制,加强安全生产标准化建设;

"(二)组织制定并实施本单位安全生产规章制度和操作规程;

"(三)组织制定并实施本单位安全生产教育和培训计划;

"(四)保证本单位安全生产投入的有效实施;

"(五)组织建立并落实安全风险分级管控和隐患排查治理双重预防工作机制,督促、检查本单位的安全生产工作,及时消除生产安全事故隐患;

"(六)组织制定并实施本单位的生产安全事故应急救援预案;

"(七)及时、如实报告生产安全事故。"

故本题选C。

85.依据《中华人民共和国安全生产法》,生产经营单位的主要负责人是(　　),对本单位的安全生产工作全面负责。

A.本单位安全生产主要责任人　　B.本单位安全生产第一责任人

C.安全生产主要责任人　　D.安全生产第一责任人

**正确答案:B**

**【试题解析】**

《中华人民共和国安全生产法》第五条是关于生产经营单位主要负责人的职责及其他负责人对本单位安全生产工作的职责的规定。

"第五条　生产经营单位的主要负责人是本单位安全生产第一责任人,对本单位的安全生产工作全面负责。其他负责人对职责范围内的安全生产工作负责。"

故本题选B。

86.依据《中华人民共和国安全生产法》,生产经营单位的主要负责人是本单位安全生产第一责任人,对本单位的安全生产工作(　　)。其他负责人对职责范围内的安全生产工作负责。

  A. 全面负责        B. 负主要责任

  C. 负重要责任       D. 承担与岗位职责相应的责任

**正确答案:A**

**【试题解析】**

《中华人民共和国安全生产法》第五条是关于生产经营单位的主要负责人的职责及其他负责人对本单位安全生产工作的职责的规定。

"第五条　生产经营单位的主要负责人是本单位安全生产第一责任人,对本单位的安全生产工作全面负责。其他负责人对职责范围内的安全生产工作负责。"

故本题选 A。

87. 依据《中华人民共和国安全生产法》,生产经营单位的主要负责人是本单位安全生产第一责任人,对本单位的安全生产工作全面负责。其他负责人对(　　)负责。

  A. 岗位职责相应的安全生产工作  B. 岗位职责相应的生产经营工作

  C. 职责范围内的安全生产工作  D. 主要负责人交办的安全生产工作

**正确答案:C**

**【试题解析】**

《中华人民共和国安全生产法》第五条是关于生产经营单位的主要负责人及其他负责人对本单位安全生产工作职责的规定。

"第五条　生产经营单位的主要负责人是本单位安全生产第一责任人,对本单位的安全生产工作全面负责。其他负责人对职责范围内的安全生产工作负责。"

故本题选 C。

88. 依据《中华人民共和国安全生产法》,关于生产经营单位的主要负责人职责,以下表述不正确的是(　　)。

  A. 生产经营单位的主要负责人对本单位的安全生产工作全面负责

  B. 生产经营单位的主要负责人对本单位的安全生产工作部分负责

  C. 生产经营单位发生生产安全事故时,单位的主要负责人应当立即组织抢救,并不得在事故调查处理期间擅离职守

  D. 生产经营单位主要负责人是指对本单位生产经营负全面责任,有生产经营决策权的人员

**正确答案:B**

**【试题解析】**

《中华人民共和国安全生产法》第五条是关于生产经营单位的主要负责人及其他负责人对本单位安全生产工作职责的规定。

"第五条　生产经营单位的主要负责人是本单位安全生产第一责任人,对本单位的安全

生产工作全面负责。其他负责人对职责范围内的安全生产工作负责。"

故本题选 B。

89.依据《中华人民共和国安全生产法》,关于安全管理培训,以下说法不正确的是(     )。

    A.未经安全生产教育和培训合格的从业人员,不得上岗作业

    B.劳务派遣单位应当对被派遣劳动者进行必要的安全生产教育和培训

    C.学校应当协助生产经营单位对实习学生进行安全生产教育和培训

    D.生产经营单位不需要建立安全生产教育和培训档案

**正确答案:D**

【试题解析】

《中华人民共和国安全生产法》第二十八条是关于生产经营单位对从业人员进行安全生产教育和培训的规定。

"第二十八条　生产经营单位应当对从业人员进行安全生产教育和培训,保证从业人员具备必要的安全生产知识,熟悉有关的安全生产规章制度和安全操作规程,掌握本岗位的安全操作技能,了解事故应急处理措施,知悉自身在安全生产方面的权利和义务。未经安全生产教育和培训合格的从业人员,不得上岗作业。

"生产经营单位使用被派遣劳动者的,应当将被派遣劳动者纳入本单位从业人员统一管理,对被派遣劳动者进行岗位安全操作规程和安全操作技能的教育和培训。劳务派遣单位应当对被派遣劳动者进行必要的安全生产教育和培训。

"生产经营单位接收中等职业学校、高等学校学生实习的,应当对实习学生进行相应的安全生产教育和培训,提供必要的劳动防护用品。学校应当协助生产经营单位对实习学生进行安全生产教育和培训。"

故本题选 D。

90.依据《中华人民共和国安全生产法》,关于生产经营单位的主要负责人对本单位安全生产工作负有的职责,以下说法不正确的是(     )。

    A.建立健全并落实本单位全员安全生产责任制

    B.组织制定并实施本单位安全生产规章制度和操作规程

    C.拓展本单位生产经营规模和范围

    D.保证本单位安全生产投入的有效实施

**正确答案:C**

【试题解析】

《中华人民共和国安全生产法》第二十一条是关于生产经营单位主要负责人对本单位安全生产工作所负职责的规定,也是主要负责人对本单位安全生产工作全面负责的具体要求。

"第二十一条　生产经营单位的主要负责人对本单位安全生产工作负有下列职责:

"(一)建立健全并落实本单位全员安全生产责任制,加强安全生产标准化建设;

"(二)组织制定并实施本单位安全生产规章制度和操作规程;

"（三）组织制定并实施本单位安全生产教育和培训计划；

"（四）保证本单位安全生产投入的有效实施；

"（五）组织建立并落实安全风险分级管控和隐患排查治理双重预防工作机制，督促、检查本单位的安全生产工作，及时消除生产安全事故隐患；

"（六）组织制定并实施本单位的生产安全事故应急救援预案；

"（七）及时、如实报告生产安全事故。"

故本题选C。

91. 依据《中共中央 国务院关于推进安全生产领域改革发展的意见》，企业实行全员安全生产责任制度，企业的安全生产第一责任人是（  ）。

    A. 技术管理负责人            B. 安全管理负责人

    C. 企业董事会                 D. 法定代表人和实际控制人

**正确答案：D**

**【试题解析】**

《中共中央 国务院关于推进安全生产领域改革发展的意见》第二条"健全落实安全生产责任制"中第六款"严格落实企业主体责任"是关于企业主体责任的规定。

"（六）严格落实企业主体责任。企业对本单位安全生产和职业健康工作负全面责任，要严格履行安全生产法定责任，建立健全自我约束、持续改进的内生机制。企业实行全员安全生产责任制度，法定代表人和实际控制人同为安全生产第一责任人，主要技术负责人负有安全生产技术决策和指挥权，强化部门安全生产职责，落实一岗双责。完善落实混合所有制企业以及跨地区、多层级和境外中资企业投资主体的安全生产责任。建立企业全过程安全生产和职业健康管理制度，做到安全责任、管理、投入、培训和应急救援'五到位'。国有企业要发挥安全生产工作示范带头作用，自觉接受属地监管。"

故本题选D。

92. 依据《中华人民共和国安全生产法》，关于企业主要负责人在本单位安全生产工作的相关职责，以下说法不正确的是（  ）。

    A. 依法设置安全生产管理机构，配备专职或兼职安全生产管理人员

    B. 组织开展安全隐患排查整治，开展从业人员安全培训教育

    C. 定期组织分析本单位安全生产形势，研究解决重大安全问题

    D. 及时采纳安全生产管理机构和安全生产管理人员提出的预防措施和改进建议，并及时组织落实和整改

**正确答案：A**

**【试题解析】**

《中华人民共和国安全生产法》第二十四条第一款是关于高危行业的生产经营单位安全生产管理机构设置、安全生产管理人员配备的规定。第二款是关于非高危行业的生产经营单位安全生产管理机构设置、安全生产管理人员配备的规定。

城市客运企业属于高危行业的生产经营单位,应符合《中华人民共和国安全生产法》第二十四条第一款规定,城市客运企业应配备专职安全生产管理人员。

故本题选 A。

93.依据《中华人民共和国安全生产法》,生产经营单位的安全生产管理机构及安全生产管理人员,对本单位安全生产工作负有的职责不包括(    )。

    A.组织或者参与拟订本单位安全生产规章制度、操作规程和生产安全事故应急救援预案

    B.组织或者参与本单位安全生产教育和培训,如实记录安全生产教育和培训情况

    C.组织开展危险源辨识和评估,督促落实本单位重大危险源的安全管理措施

    D.及时消除生产安全事故隐患

**正确答案:D**

**【试题解析】**

《中华人民共和国安全生产法》第二十五条是关于生产经营单位的安全生产管理机构以及安全生产管理人员应履行职责的规定。

"第二十五条　生产经营单位的安全生产管理机构以及安全生产管理人员履行下列职责:

"(一)组织或者参与拟订本单位安全生产规章制度、操作规程和生产安全事故应急救援预案;

"(二)组织或者参与本单位安全生产教育和培训,如实记录安全生产教育和培训情况;

"(三)组织开展危险源辨识和评估,督促落实本单位重大危险源的安全管理措施;

"(四)组织或者参与本单位应急救援演练;

"(五)检查本单位的安全生产状况,及时排查生产安全事故隐患,提出改进安全生产管理的建议;

"(六)制止和纠正违章指挥、强令冒险作业、违反操作规程的行为;

"(七)督促落实本单位安全生产整改措施。

"生产经营单位可以设置专职安全生产分管负责人,协助本单位主要负责人履行安全生产管理职责。"

故本题选 D。

94.依据《中华人民共和国安全生产法》,城市客运企业(    )应当具备与本单位所从事的生产经营活动相应的安全生产知识和管理能力。

    A.主要负责人和安全生产管理人员    B.主要负责人和技术管理人员

    C.安全管理人员和技术管理人员    D.安全管理人员和应急管理人员

**正确答案:A**

**【试题解析】**

《中华人民共和国安全生产法》第二十七条是关于生产经营单位主要负责人和安全产生管理人员能力要求、能力考核,以及企业聘用注册安全工程师的规定。

"第二十七条 生产经营单位的主要负责人和安全生产管理人员必须具备与本单位所从事的生产经营活动相应的安全生产知识和管理能力。

"……"

故本题选 A。

95.依据《中华人民共和国安全生产法》,城市客运企业主要负责人未履行安全生产管理职责,导致发生生产安全事故的,给予其(    )处分。构成犯罪的,依照刑法有关规定追究刑事责任。

    A.警告            B.严重警告            C.撤职            D.记过

**正确答案:C**

【试题解析】

《中华人民共和国安全生产法》第九十四条是关于企业主要负责人未履行安全生产管理职责,导致发生生产安全事故所应承担法律责任的规定。

"第九十四条 生产经营单位的主要负责人未履行本法规定的安全生产管理职责的,责令限期改正,处二万元以上五万元以下的罚款;逾期未改正的,处五万元以上十万元以下的罚款,责令生产经营单位停产停业整顿。

"生产经营单位的主要负责人有前款违法行为,导致发生生产安全事故的,给予撤职处分;构成犯罪的,依照刑法有关规定追究刑事责任。

"……"

故本题选 C。

96.依据《中华人民共和国安全生产法》,安全生产工作实行管行业必须管安全、管业务必须管安全、管生产经营必须管安全,强化和落实(    ),建立生产经营单位负责、职工参与、政府监管、行业自律和社会监督的机制。

    A.生产经营单位主体责任

    B.政府监管责任

    C.生产经营单位主体责任与政府监管责任

    D.领导责任

**正确答案:C**

【试题解析】

《中华人民共和国安全生产法》第三条是关于安全生产工作指导思想、方针、原则和机制的规定。

"第三条 ……

"安全生产工作实行管行业必须管安全、管业务必须管安全、管生产经营必须管安全,强化和落实生产经营单位主体责任与政府监管责任,建立生产经营单位负责、职工参与、政府监管、行业自律和社会监督的机制。"

故本题选 C。

97.依据《中华人民共和国安全生产法》,生产经营单位主要负责人是指对本单位生产经营负全面责任,有生产经营( )的人员。

A.表决权　　　　　B.知情权　　　　　C.决策权　　　　　D.发言权

正确答案:C

【试题解析】

《中华人民共和国安全生产法》第二十一条是关于生产经营单位的主要负责人对本单位安全生产工作所负职责的规定,也是主要负责人对本单位的安全生产工作全面负责的具体要求。

"第二十一条　生产经营单位的主要负责人对本单位安全生产工作负有下列职责:

"(一)建立健全并落实本单位全员安全生产责任制,加强安全生产标准化建设;

"(二)组织制定并实施本单位安全生产规章制度和操作规程;

"(三)组织制定并实施本单位安全生产教育和培训计划;

"(四)保证本单位安全生产投入的有效实施;

"(五)组织建立并落实安全风险分级管控和隐患排查治理双重预防工作机制,督促、检查本单位的安全生产工作,及时消除生产安全事故隐患;

"(六)组织制定并实施本单位的生产安全事故应急救援预案;

"(七)及时、如实报告生产安全事故。"

依据上述条文规定,生产经营单位主要负责人法定职责的(一)(二)(三)(四)项都是决策权的内容,故本题选C。

98.依据《中华人民共和国安全生产法》,关于城市客运企业设置安全生产管理机构,下列说法正确的是( )。

A.城市客运企业应当设置安全生产管理机构或者配备专职安全生产管理人员

B.城市客运企业分支机构可视情况设置安全生产管理机构

C.安全生产管理机构不应当包括企业主要负责人、运输经营、安全管理等业务负责人

D.城市客运企业部门负责人应为安全生产管理机构的负责人

正确答案:A

【试题解析】

《中华人民共和国安全生产法》第二十四条第一款是关于高危行业的生产经营单位安全生产管理机构设置、安全生产管理人员配备的规定。第二款是关于非高危行业的生产经营单位安全生产管理机构设置、安全生产管理人员配备的规定。

城市客运企业属于运输单位,应设置安全生产管理机构或者配备专职安全生产管理人员。

故本题选A。

99.依据《中华人民共和国安全生产法》,某城市客运企业从业人员为一百人以下,下列说法正确的是( )。

A.该企业应当设置安全生产管理机构

B.该企业应当配备专职安全管理人员

C.该企业应当设置安全生产管理机构或配备专职安全管理人员

D.该企业可配备兼职安全管理人员

正确答案:C

【试题解析】

《中华人民共和国安全生产法》第二十四条第一款是关于高危行业的生产经营单位安全生产管理机构设置、安全生产管理人员配备的规定。第二款是关于非高危行业的生产经营单位安全生产管理机构设置、安全生产管理人员配备的规定。

城市客运企业属于运输单位,应设置安全生产管理机构或者配备专职安全生产管理人员。

故本题选 C。

100.依据《中华人民共和国安全生产法》,下列属于生产经营单位的主要负责人对本单位安全生产工作应承担的职责的是(　　)。

A.建立健全并落实本单位全员安全生产责任制

B.督促落实本单位安全生产整改措施

C.制止和纠正违章指挥、强令冒险作业、违反操作规程的行为

D.检查本单位的安全生产状况,及时排查生产安全事故隐患,提出改进安全生产管理的建议

正确答案:A

【试题解析】

《中华人民共和国安全生产法》第二十一条是关于生产经营单位主要负责人对本单位安全生产工作所负职责的规定,也是主要负责人对本单位安全生产工作全面负责的具体要求。

"第二十一条　生产经营单位的主要负责人对本单位安全生产工作负有下列职责:

"(一)建立健全并落实本单位全员安全生产责任制,加强安全生产标准化建设;

"(二)组织制定并实施本单位安全生产规章制度和操作规程;

"(三)组织制定并实施本单位安全生产教育和培训计划;

"(四)保证本单位安全生产投入的有效实施;

"(五)组织建立并落实安全风险分级管控和隐患排查治理双重预防工作机制,督促、检查本单位的安全生产工作,及时消除生产安全事故隐患;

"(六)组织制定并实施本单位的生产安全事故应急救援预案;

"(七)及时、如实报告生产安全事故。"

故本题选 A。

101.依据《中华人民共和国安全生产法》,以下不属于城市客运企业安全生产目标的是(　　)。

A.防止和减少生产安全事故　　　　B.保障人民群众生命和财产安全

C.促进经济社会持续健康发展　　　D.促进节能减排

正确答案:D

【试题解析】

《中华人民共和国安全生产法》第一条是关于企业安全生产目标的规定。

"第一条 为了加强安全生产工作,防止和减少生产安全事故,保障人民群众生命和财产安全,促进经济社会持续健康发展,制定本法。"

故本题选 D。

102. 以下不属于城市客运企业安全生产目标评价内容的是( )。

A. 目标的完成情况 　　　　　　B. 存在的各类问题

C. 办法的优劣 　　　　　　　　D. 目标制定原则

正确答案:D

【试题解析】

企业安全生产目标评价的目的是提升企业安全生产水平,加强安全生产管理,因此安全生产目标评价主要内容包括目标的完成情况、存在的各类问题、办法的优劣。目标制定原则不包括在内。

故本题选 D。

103. 依据《中华人民共和国突发事件应对法》,突发事件,是指突然发生,造成或者可能造成严重社会危害,需要采取应急处置措施予以应对的自然灾害、事故灾难、( )和社会安全事件。

A. 交通拥堵　　　B. 公共卫生事件　　　C. 群众集会　　　D. 交通灾害

正确答案:B

【试题解析】

《中华人民共和国突发事件应对法》第三条是关于突发事件定义的规定。

"第三条 本法所称突发事件,是指突然发生,造成或者可能造成严重社会危害,需要采取应急处置措施予以应对的自然灾害、事故灾难、公共卫生事件和社会安全事件。

"……"

故本题选 B

104. 依据《中华人民共和国安全生产法》,城市客运企业应当依法建立健全全员安全生产责任制,下列说法不正确的是( )。

A. 企业应加大对安全生产资金、物资、技术、人员的投入保障力度

B. 企业应改善安全生产条件,加强安全生产标准化、信息化建设

C. 企业应构建安全风险分级管控或隐患排查治理机制

D. 企业应健全风险防范化解机制,提高安全生产水平,确保安全生产

正确答案:C

【试题解析】

《中华人民共和国安全生产法》第四条是关于生产经营单位安全生产基本义务的规定。

"第四条 生产经营单位必须遵守本法和其他有关安全生产的法律、法规,加强安全生产管

理,建立健全全员安全生产责任制和安全生产规章制度,加大对安全生产资金、物资、技术、人员的投入保障力度,改善安全生产条件,加强安全生产标准化、信息化建设,构建安全风险分级管控和隐患排查治理双重预防机制,健全风险防范化解机制,提高安全生产水平,确保安全生产。

"……"

故本题选 C。

105. 依据《中华人民共和国安全生产法》,关于安全生产教育和培训,以下说法中不正确的是(　　)。

  A. 生产经营单位应当对从业人员进行安全生产教育和培训,保证从业人员具备必要的安全生产知识,熟悉有关的安全生产规章制度和安全操作规程

  B. 生产经营单位使用被派遣劳动者的,应当将被派遣劳动者纳入本单位从业人员统一管理,对被派遣劳动者进行岗位安全操作规程和安全操作技能的教育和培训

  C. 生产经营单位接收中等职业学校、高等学校学生实习的,应当对实习学生进行相应的安全生产教育和培训,提供必要的劳动防护用品

  D. 生产经营单位不需要建立安全生产教育和培训档案

**正确答案:D**

【试题解析】

《中华人民共和国安全生产法》第二十八条是关于生产经营单位对从业人员进行安全生产教育和培训的规定。

"第二十八条　生产经营单位应当对从业人员进行安全生产教育和培训,保证从业人员具备必要的安全生产知识,熟悉有关的安全生产规章制度和安全操作规程,掌握本岗位的安全操作技能,了解事故应急处理措施,知悉自身在安全生产方面的权利和义务。未经安全生产教育和培训合格的从业人员,不得上岗作业。

"生产经营单位使用被派遣劳动者的,应当将被派遣劳动者纳入本单位从业人员统一管理,对被派遣劳动者进行岗位安全操作规程和安全操作技能的教育和培训。劳务派遣单位应当对被派遣劳动者进行必要的安全生产教育和培训。

"生产经营单位接收中等职业学校、高等学校学生实习的,应当对实习学生进行相应的安全生产教育和培训,提供必要的劳动防护用品。学校应当协助生产经营单位对实习学生进行安全生产教育和培训。

"……"

故本题选 D。

106. 依据《中华人民共和国安全生产法》,关于城市客运企业实行安全生产一岗双责,以下说法不正确的是(　　)。

  A. 企业的法定代表人和实际控制人为安全生产的第一责任人,对本单位的安全生产工作全面负责

B. 生产经营单位可以设置专职安全生产分管负责人,协助本单位主要负责人履行安全生产管理职责

C. 其他负责人对职责范围内的安全生产工作负责

D. 企业党委、工会及职能部门和人员不承担安全生产职责

**正确答案:D**

**【试题解析】**

《中华人民共和国安全生产法》第七条、第六十条是关于工会对安全生产工作的监督职责的规定。

"第七条 工会依法对安全生产工作进行监督。

"生产经营单位的工会依法组织职工参加本单位安全生产工作的民主管理和民主监督,维护职工在安全生产方面的合法权益。生产经营单位制定或者修改有关安全生产的规章制度,应当听取工会的意见。"

"第六十条 工会有权对建设项目的安全设施与主体工程同时设计、同时施工、同时投入生产和使用进行监督,提出意见。

"工会对生产经营单位违反安全生产法律、法规,侵犯从业人员合法权益的行为,有权要求纠正;发现生产经营单位违章指挥、强令冒险作业或者发现事故隐患时,有权提出解决的建议,生产经营单位应当及时研究答复;发现危及从业人员生命安全的情况时,有权向生产经营单位建议组织从业人员撤离危险场所,生产经营单位必须立即作出处理。

"工会有权依法参加事故调查,向有关部门提出处理意见,并要求追究有关人员的责任。"

故本题选 D。

107. 关于城市客运驾驶员安全培训教育,下列说法不正确的是( )。

A. 城市客运企业应当建立客运驾驶员安全教育培训及考核制度

B. 安全教育培训内容应当包括:法律法规、典型交通事故案例、技能训练、安全驾驶经验交流、突发事件应急处置训练等

C. 城市客运企业不应依托互联网方式实施培训教育

D. 城市客运企业应在客运驾驶员接受安全教育培训后,对客运驾驶员教育培训的效果进行统一考核

**正确答案:C**

**【试题解析】**

企业可依托互联网技术积极创新、改进安全培训教育手段,丰富培训方式。

故本题选 C。

108. 依据《中华人民共和国安全生产法》,以下不属于城市客运企业安全管理人员安全教育培训内容的是( )。

A. 伤亡事故统计、报告及职业危害的调查处理方法

B. 国内外先进的企业经营管理经验

C.典型事故和应急救援案例分析

D.安全生产管理、安全生产技术、职业卫生等知识

正确答案:B

【试题解析】

《中华人民共和国安全生产法》第二十八条是关于生产经营单位对从业人员进行安全生产教育和培训的规定。

"第二十八条　生产经营单位应当对从业人员进行安全生产教育和培训,保证从业人员具备必要的安全生产知识,熟悉有关的安全生产规章制度和安全操作规程,掌握本岗位的安全操作技能,了解事故应急处理措施,知悉自身在安全生产方面的权利和义务。未经安全生产教育和培训合格的从业人员,不得上岗作业。

"……"

故本题选 B。

109.城市客运企业应建立健全与(　　)工作相适应的安全管理机构,配备专(兼)职安全生产管理人员。

A.经营管理　　　B.企业安全生产　　　C.人员管理　　　D.生产

正确答案:B

【试题解析】

《中华人民共和国安全生产法》第二十四条第一款是关于高危行业的生产经营单位安全生产管理机构设置、安全生产管理人员配备的规定。第二款是关于非高危行业的生产经营单位安全生产管理机构设置、安全生产管理人员配备的规定。

"第二十四条　矿山、金属冶炼、建筑施工、运输单位和危险物品的生产、经营、储存、装卸单位,应当设置安全生产管理机构或者配备专职安全生产管理人员。

"前款规定以外的其他生产经营单位,从业人员超过一百人的,应当设置安全生产管理机构或者配备专职安全生产管理人员;从业人员在一百人以下的,应当配备专职或者兼职的安全生产管理人员。"

故本题选 B

110.依据《国务院办公厅关于进一步完善失信约束制度构建诚信建设长效机制的指导意见》,安全生产信用信息的记录、归集、披露和使用,应当遵循(　　)、客观、准确、安全的原则,依法维护国家利益、社会利益和信用主体合法权益,不得危害国家安全,泄露国家秘密,不得侵犯商业秘密和个人隐私。

A.合理　　　B.合法　　　C.合情　　　D.合规

正确答案:B

【试题解析】

《国务院办公厅关于进一步完善失信约束制度构建诚信建设长效机制的指导意见》第一条"总体要求"对社会信用体系建设的原则进行了规定。

"一、总体要求

"……

"在社会信用体系建设工作推进和实践探索中,要把握好以下重要原则:一是严格依法依规,失信行为记录、严重失信主体名单认定和失信惩戒等事关个人、企业等各类主体切身利益,必须严格在法治轨道内运行。二是准确界定范围,准确界定信用信息和严重失信主体名单认定范围,合理把握失信惩戒措施,坚决防止不当使用甚至滥用。三是确保过惩相当,按照失信行为发生的领域、情节轻重、影响程度等,严格依法分别实施不同类型、不同力度的惩戒措施,切实保护信用主体合法权益。四是借鉴国际经验,既立足我国国情,又充分参考国际惯例,在社会关注度高、认识尚不统一的领域慎重推进信用体系建设,推动相关措施与国际接轨。"

故本题选 B

111.依据《中华人民共和国安全生产法》中有关加强安全生产管理的规定,生产经营单位应做好(    )。

  A.改善职工生活条件    B.建立、健全人员聘任制度

  C.建立健全安全生产责任制  D.着力做好从业人员医疗保险工作

**正确答案:C**

**【试题解析】**

《中华人民共和国安全生产法》第四条是关于生产经营单位安全生产基本义务的规定。

"第四条 生产经营单位必须遵守本法和其他有关安全生产的法律、法规,加强安全生产管理,建立健全全员安全生产责任制和安全生产规章制度,加大对安全生产资金、物资、技术、人员的投入保障力度,改善安全生产条件,加强安全生产标准化、信息化建设,构建安全风险分级管控和隐患排查治理双重预防机制,健全风险防范化解机制,提高安全生产水平,确保安全生产。

"……"

故本题选 C。

112.依据《中华人民共和国安全生产法》,关于企业主要负责人对本单位安全生产工作职责,下列说法不正确的是(    )。

  A.督促、检查本单位安全生产工作,及时消除生产安全事故隐患

  B.组织制定并实施本单位的安全生产教育和培训计划

  C.不需要组织开展安全生产标准化建设

  D.组织制定并实施本单位生产安全事故应急救援预案

**正确答案:C**

**【试题解析】**

《中华人民共和国安全生产法》第四条是关于生产经营单位安全生产基本义务的规定。

"第四条 生产经营单位必须遵守本法和其他有关安全生产的法律、法规,加强安全生产管理,建立健全全员安全生产责任制和安全生产规章制度,加大对安全生产资金、物资、技术、人员的

投入保障力度,改善安全生产条件,加强安全生产标准化、信息化建设,构建安全风险分级管控和隐患排查治理双重预防机制,健全风险防范化解机制,提高安全生产水平,确保安全生产。

"……"

故本题选 C。

113. 依据《中华人民共和国安全生产法》,关于城市客运企业主要负责人对本单位安全生产工作职责,下列说法不正确的是(　　)。

      A. 严格执行安全生产法律、法规、规章、规范和标准,组织落实相关管理部门的工作部署和要求

      B. 必须全部建立安全生产管理机构,配备专职安全管理人员

      C. 建立健全本单位安全生产责任制,组织制定本单位安全生产规章制度、客运驾驶员和车辆安全生产管理办法以及安全生产操作规程

      D. 按规定足额提取安全生产专项资金,保证本单位安全生产投入的有效实施

**正确答案:B**

**【试题解析】**

《中华人民共和国安全生产法》第二十四条第一款是关于高危行业的生产经营单位安全生产管理机构设置、安全生产管理人员配备的规定。第二款是关于非高危行业的生产经营单位安全生产管理机构设置、安全生产管理人员配备的规定。

"第二十四条　矿山、金属冶炼、建筑施工、运输单位和危险物品的生产、经营、储存、装卸单位,应当设置安全生产管理机构或者配备专职安全生产管理人员。

"……"

建立安全生产管理机构和配备专职安全管理人员是或的关系,故本题选 B。

114. 依据《中华人民共和国安全生产法》,关于企业主要负责人对本单位安全生产工作职责,下列说法不正确的是(　　)。

      A. 建立健全并落实本单位全员安全生产责任制,加强安全生产标准化建设

      B. 组织制定并实施本单位安全生产规章制度和操作规程

      C. 可以不采纳工会、职工关于安全生产的合理化建议和要求

      D. 及时、如实报告生产安全事故

**正确答案:C**

**【试题解析】**

《中华人民共和国安全生产法》第二十一条是关于生产经营单位的主要负责人对本单位安全生产工作所负职责的规定,也是主要负责人对本单位的安全生产工作全面负责的具体要求。

"第二十一条　生产经营单位的主要负责人对本单位安全生产工作负有下列职责:

"(一)建立健全并落实本单位全员安全生产责任制,加强安全生产标准化建设;

"(二)组织制定并实施本单位安全生产规章制度和操作规程;

"(三)组织制定并实施本单位安全生产教育和培训计划;

"(四)保证本单位安全生产投入的有效实施;

"(五)组织建立并落实安全风险分级管控和隐患排查治理双重预防工作机制,督促、检查本单位的安全生产工作,及时消除生产安全事故隐患;

"(六)组织制定并实施本单位的生产安全事故应急救援预案;

"(七)及时、如实报告生产安全事故。"

故本题选 C。

115. 依据《中华人民共和国安全生产法》,为了建立纵向到底、横向到边的全员安全生产责任制,确保安全生产人人有责,各负其责,企业应当遵循的原则是(    )。

    A. 管业务必须管安全,管生产经营必须管安全

    B. 管设备不用管安全,管生产经营必须管安全

    C. 管人事必须管安全,管技术不用管安全

    D. 管财务不用管安全,管生产经营必须管安全

**正确答案:A**

**【试题解析】**

《中华人民共和国安全生产法》第三条是关于安全生产工作指导思想、方针、原则和机制的规定。

"第三条　安全生产工作坚持中国共产党的领导。

"……

"安全生产工作实行管行业必须管安全、管业务必须管安全、管生产经营必须管安全,强化和落实生产经营单位主体责任与政府监管责任,建立生产经营单位负责、职工参与、政府监管、行业自律和社会监督的机制。"

故本题选 A。

116. 依据《中华人民共和国安全生产法》,生产经营单位的主要负责人和安全生产管理人员必须具备与本单位所从事的生产经营活动相应的(    )和管理能力。

    A. 生产经营　　　B. 安全技术　　　C. 安全生产知识　　　D. 安全生产技能

**正确答案:C**

**【试题解析】**

《中华人民共和国安全生产法》第二十七条是关于生产经营单位主要负责人和安全产生管理人员能力要求、能力考核,以及企业聘用注册安全工程师的规定。

"第二十七条　生产经营单位的主要负责人和安全生产管理人员必须具备与本单位所从事的生产经营活动相应的安全生产知识和管理能力。

"……"

故本题选 C。

117. 依据《中华人民共和国安全生产法》,关于安全生产管理方针,以下说法正确的是(    )。

A. 安全为辅、预防为主、协调管理　　B. 预防为辅、协调管理

C. 预防为主、协调管理　　D. 安全第一、预防为主、综合治理

**正确答案：D**

**【试题解析】**

《中华人民共和国安全生产法》第三条是关于安全生产工作指导思想、方针、原则和机制的规定。

"第三条　安全生产工作坚持中国共产党的领导。

"安全生产工作应当以人为本，坚持人民至上、生命至上，把保护人民生命安全摆在首位，树牢安全发展理念，坚持安全第一、预防为主、综合治理的方针，从源头上防范化解重大安全风险。

"……"

故本题选 D

118. 依据《中华人民共和国安全生产法》，生产经营单位的安全生产管理人员在检查中发现重大事故隐患需要向上级部门报告，正确的做法是(　　)。

A. 生产经营单位的安全生产管理人员在检查中发现重大事故隐患，向主管部门报告

B. 生产经营单位的安全生产管理人员在检查中发现重大事故隐患，向消防部门报告

C. 生产经营单位的安全生产管理人员在检查中发现重大事故隐患，向公安部门报告

D. 先向本单位有关负责人报告，有关负责人不及时处理的，安全生产管理人员可以向主管的负有安全生产监督管理职责的部门报告，接到报告的部门应当依法及时处理

**正确答案：D**

**【试题解析】**

《中华人民共和国安全生产法》第四十六条是关于生产经营单位安全生产管理人员应当根据本单位的生产经营特点，对安全生产状况进行经常性检查并对发现的问题进行处理与报告的规定。

"第四十六条生产经营单位的安全生产管理人员应当根据本单位的生产经营特点，对安全生产状况进行经常性检查；对检查中发现的安全问题，应当立即处理；不能处理的，应当及时报告本单位有关负责人，有关负责人应当及时处理。检查及处理情况应当如实记录在案。

"生产经营单位的安全生产管理人员在检查中发现重大事故隐患，依照前款规定向本单位有关负责人报告，有关负责人不及时处理的，安全生产管理人员可以向主管的负有安全生产监督管理职责的部门报告，接到报告的部门应当依法及时处理。"

故本题选 D。

119. 依据《中华人民共和国安全生产法》，生产经营单位主要负责人依照规定受刑事处

罚或者撤职处分的,自刑罚执行完毕或者受处分之日起,(  )不得担任任何生产经营单位的主要负责人。

    A.3 年内        B.5 年内        C.10 年内        D.终身

**正确答案:B**

**【试题解析】**

《中华人民共和国安全生产法》第九十四条是关于企业主要负责人未履行安全生产管理职责,导致发生生产安全事故所应承担法律责任的规定。

"第九十四条 ……

生产经营单位的主要负责人依照前款规定受刑事处罚或者撤职处分的,自刑罚执行完毕或者受处分之日起,五年内不得担任任何生产经营单位的主要负责人;对重大、特别重大生产安全事故负有责任的,终身不得担任本行业生产经营单位的主要负责人。

故本题选 B。

120.依据《生产安全事故应急预案管理办法》,企业的应急预案应由本单位(  )签署,向本单位从业人员公布,并及时发放到本单位有关部门、岗位和相关应急救援队伍。

    A.主要负责人               B.分管安全负责人

    C.安全管理机构               D.安全管理人员

**正确答案:A**

**【试题解析】**

《生产安全事故应急预案管理办法》第二十四条是关于生产经营单位应急预案经评审或者论证后签署、公布、发放、告知的规定。

"第二十四 生产经营单位的应急预案经评审或者论证后,由本单位主要负责人签署,向本单位从业人员公布,并及时发放到本单位有关部门、岗位和相关应急救援队伍。

"……"

故本题选 A。

121.依据《中华人民共和国突发事件应对法》,应对突发事件的工作原则是(  )。

    A.处置为主、预防为辅        B.预防为主、预防与应急相结合

    C.预防为主、处置为辅        D.处置与预防并重

**正确答案:B**

**【试题解析】**

《中华人民共和国突发事件应对法》第五条是关于突发事件应对工作原则,以及国家建立重大突发事件风险评估体系的规定。

"第五条 突发事件应对工作实行预防为主、预防与应急相结合的原则。国家建立重大突发事件风险评估体系,对可能发生的突发事件进行综合性评估,减少重大突发事件的发生,最大限度地减轻重大突发事件的影响。"

故本题选 B。

122.依据《中华人民共和国劳动法》中有关职业培训的规定,以下说法不正确的是(　　)。

　　A.从事技术工种的劳动者,上岗前可以视情况参加培训

　　B.各级人民政府应当把发展职业培训纳入社会经济发展的规划,鼓励和支持有条件的企业、事业组织、社会团体和个人进行各种形式的职业培训

　　C.用人单位应当建立职业培训制度,按照国家规定提取和使用职业培训经费,根据本单位实际,有计划地对劳动者进行职业培训

　　D.国家确定职业分类,并对规定的职业实行职业资格证书制度

正确答案:A

【试题解析】

《中华人民共和国劳动法》第六十七条是关于各级人民政府把发展职业培训纳入社会经济发展规划的规定。第六十八条是关于用人单位建立和实施职业培训制度的规定。第六十九条是关于国家确定职业分类,制定职业技能标准,实行职业资格证书制度,以及考核鉴定机构对劳动者实施职业技能考核鉴定的规定。

"第六十七条　各级人民政府应当把发展职业培训纳入社会经济发展的规划,鼓励和支持有条件的企业、事业组织、社会团体和个人进行各种形式的职业培训。

"第六十八条　用人单位应当建立职业培训制度,按照国家规定提取和使用职业培训经费,根据本单位实际,有计划地对劳动者进行职业培训。

"从事技术工种的劳动者,上岗前必须经过培训。

"第六十九条　国家确定职业分类,对规定的职业制定职业技能标准,实行职业资格证书制度,由经备案的考核鉴定机构负责对劳动者实施职业技能考核鉴定。"

故本题选A。

123.依据《生产安全事故应急预案管理办法》,生产经营单位应急预案可以分为(　　)。

　　A.综合应急预案、专项应急预案、现场处置预案、火灾事故应急预案

　　B.突发事件应急预案、专项应急预案、现场处置方案

　　C.重大危险源应急预案、综合应急预案、专项应急预案、现场处置预案

　　D.综合应急预案、专项应急预案、现场处置方案

正确答案:D

【试题解析】

《生产安全事故应急预案管理办法》是关于生产经营单位应急预案分类及各种应急预案的性质、适用情景的规定。

"第六条　生产经营单位应急预案分为综合应急预案、专项应急预案和现场处置方案。

"……"

故本题选D。

124.依据《中华人民共和国安全生产法》,关于城市客运企业安全生产管理机构及安全生产管理人员对本单位安全生产工作应承担的职责,下列说法不正确的是(　　)。

A. 安全生产管理机构及安全生产管理人员对本单位安全生产工作全面负责

B. 组织或者参与拟订本单位安全生产规章制度、操作规程和生产安全事故应急救援预案

C. 组织或者参与本单位应急救援演练

D. 检查本单位的安全生产状况,及时排查生产安全事故隐患,提出改进安全生产管理的建议

**正确答案:A**

**【试题解析】**

《中华人民共和国安全生产法》第五条是关于生产经营单位的主要负责人及其他负责人对本单位安全生产工作职责的规定。

"第五条 生产经营单位的主要负责人是本单位安全生产第一责任人,对本单位的安全生产工作全面负责。其他负责人对职责范围内的安全生产工作负责。"

故本题选 A。

125. 依据《中共中央 国务院关于推进安全生产领域改革发展的意见》,对城市客运企业安全生产负有全面责任的第一责任人是( )。

    A. 安全部门负责人          B. 分管安全生产的负责人

    C. 法定代表人和实际控制人     D. 其他负责人

**正确答案:C**

**【试题解析】**

《中共中央 国务院关于推进安全生产领域改革发展的意见》第二条"健全落实安全生产责任制"中第六款"严格落实企业主体责任"是关于企业主体责任的规定。

"(六)严格落实企业主体责任。企业对本单位安全生产和职业健康工作负全面责任,要严格履行安全生产法定责任,建立健全自我约束、持续改进的内生机制。企业实行全员安全生产责任制度,法定代表人和实际控制人同为安全生产第一责任人,主要技术负责人负有安全生产技术决策和指挥权,强化部门安全生产职责,落实一岗双责。完善落实混合所有制企业以及跨地区、多层级和境外中资企业投资主体的安全生产责任。建立企业全过程安全生产和职业健康管理制度,做到安全责任、管理、投入、培训和应急救援'五到位'。国有企业要发挥安全生产工作示范带头作用,自觉接受属地监管。"

故本题选 C。

126. 某城市客运企业法定代表人王某,实际控制人是李某,分管安全生产负责人刘某,则该城市客运企业安全生产主要负责人是( )。

    A. 王某        B. 李某        C. 王某和李某      D. 刘某

**正确答案:C**

**【试题解析】**

《中共中央 国务院关于推进安全生产领域改革发展的意见》第二条"健全落实安全生

产责任制"中第六款"严格落实企业主体责任"是关于企业主体责任的规定。

"(六)严格落实企业主体责任。企业对本单位安全生产和职业健康工作负全面责任,要严格履行安全生产法定责任,建立健全自我约束、持续改进的内生机制。企业实行全员安全生产责任制度,法定代表人和实际控制人同为安全生产第一责任人,主要技术负责人负有安全生产技术决策和指挥权,强化部门安全生产职责,落实一岗双责。完善落实混合所有制企业以及跨地区、多层级和境外中资企业投资主体的安全生产责任。建立企业全过程安全生产和职业健康管理制度,做到安全责任、管理、投入、培训和应急救援'五到位'。国有企业要发挥安全生产工作示范带头作用,自觉接受属地监管。"

根据条款原文,法定代表人和实际控制人同为安全生产第一责任人,故本题选C。

127.依据《中共中央　国务院关于推进安全生产领域改革发展的意见》,城市客运企业领导和工作人员应当既对分管的业务工作负责,又对分管业务范围的安全生产工作负责,该制度被称为(　　)。

　　A.一把手负责制　　　　　　　　B.一岗双责制

　　C.党政同责制　　　　　　　　　D.双岗双责制

**正确答案:B**

**【试题解析】**

《中共中央　国务院关于推进安全生产领域改革发展的意见》第二条"健全落实安全生产责任制"中第六款"严格落实企业主体责任"是关于企业主体责任的规定。

"(六)严格落实企业主体责任。企业对本单位安全生产和职业健康工作负全面责任,要严格履行安全生产法定责任,建立健全自我约束、持续改进的内生机制。企业实行全员安全生产责任制度,法定代表人和实际控制人同为安全生产第一责任人,主要技术负责人负有安全生产技术决策和指挥权,强化部门安全生产职责,落实一岗双责。完善落实混合所有制企业以及跨地区、多层级和境外中资企业投资主体的安全生产责任。建立企业全过程安全生产和职业健康管理制度,做到安全责任、管理、投入、培训和应急救援'五到位'。国有企业要发挥安全生产工作示范带头作用,自觉接受属地监管。"

故本题选B。

128.依据《中华人民共和国安全生产法》,关于安全管理培训,以下说法不正确的是(　　)。

　　A.未经安全生产教育和培训合格的从业人员,不得上岗作业

　　B.劳务派遣单位应当对被派遣劳动者进行必要的安全生产教育和培训

　　C.学校应当协助生产经营单位对实习学生进行安全生产教育和培训

　　D.生产经营单位不需要建立安全生产教育和培训档案

**正确答案:D**

**【试题解析】**

《中华人民共和国安全生产法》第二十八条是关于生产经营单位对从业人员进行安全生

产教育和培训的规定。

"第二十八条 生产经营单位应当对从业人员进行安全生产教育和培训,保证从业人员具备必要的安全生产知识,熟悉有关的安全生产规章制度和安全操作规程,掌握本岗位的安全操作技能,了解事故应急处理措施,知悉自身在安全生产方面的权利和义务。未经安全生产教育和培训合格的从业人员,不得上岗作业。

"生产经营单位使用被派遣劳动者的,应当将被派遣劳动者纳入本单位从业人员统一管理,对被派遣劳动者进行岗位安全操作规程和安全操作技能的教育和培训。劳务派遣单位应当对被派遣劳动者进行必要的安全生产教育和培训。

"生产经营单位接收中等职业学校、高等学校学生实习的,应当对实习学生进行相应的安全生产教育和培训,提供必要的劳动防护用品。学校应当协助生产经营单位对实习学生进行安全生产教育和培训。"

故本题选 D。

129.依据《中华人民共和国安全生产法》,关于企业的安全生产主体责任中有关资金投入,下列说法最全面的是(    )。

    A. 按规定提取和使用安全生产费用,保证安全生产所必需的资金投入

    B. 按规定投保安全生产责任保险

    C. 按规定组织从业人员上岗前、在岗期间和离岗时的职业健康检查,依法为从业人员缴纳工伤保险费

    D. 以上都是

**正确答案:D**

【试题解析】

《中华人民共和国安全生产法》第二十三条和第五十二条分别是关于生产经营单位应当具备的安全生产条件所必需的资金投入和为从业人员缴纳保险费的规定。

"第二十三条 生产经营单位应当具备的安全生产条件所必需的资金投入,由生产经营单位的决策机构、主要负责人或者个人经营的投资人予以保证,并对由于安全生产所必需的资金投入不足导致的后果承担责任。

"有关生产经营单位应当按照规定提取和使用安全生产费用,专门用于改善安全生产条件。安全生产费用在成本中据实列支。安全生产费用提取、使用和监督管理的具体办法由国务院财政部门会同国务院应急管理部门征求国务院有关部门意见后制定。

"……"

"第五十一条 生产经营单位必须依法参加工伤保险,为从业人员缴纳保险费。

"国家鼓励生产经营单位投保安全生产责任保险;属于国家规定的高危行业、领域的生产经营单位,应当投保安全生产责任保险。具体范围和实施办法由国务院应急管理部门会同国务院财政部门、国务院保险监督管理机构和相关行业主管部门制定。"

故本题选 D。

130.依据《中华人民共和国安全生产法》,生产经营单位的安全生产管理人员在检查中发现重大事故隐患,依规定向本单位有关负责人报告,有关负责人不及时处理的,可( )。

　　A.不予处理

　　B.自行处理

　　C.向负有安全生产监督管理职责的部门报告

　　D.向纪律监察部门报告

**正确答案:C**

**【试题解析】**

《中华人民共和国安全生产法》第四十六条是关于生产经营单位安全生产管理人员应当根据本单位的生产经营特点,对安全生产状况进行经常性检查并对发现的问题进行处理与报告的规定。

"第四十六条　生产经营单位的安全生产管理人员应当根据本单位的生产经营特点,对安全生产状况进行经常性检查;对检查中发现的安全问题,应当立即处理;不能处理的,应当及时报告本单位有关负责人,有关负责人应当及时处理。检查及处理情况应当如实记录在案。

"生产经营单位的安全生产管理人员在检查中发现重大事故隐患,依照前款规定向本单位有关负责人报告,有关负责人不及时处理的,安全生产管理人员可以向主管的负有安全生产监督管理职责的部门报告,接到报告的部门应当依法及时处理。"

故本题选C。

131.某公司董事长由上一级单位总经理张某兼任,张某长期在外地,不负责该公司日常工作。该公司总经理安某在国外脱产学习,期间日常工作由常务副总经理徐某负责,分管安全生产工作的副总经理姚某协助其工作。依据《中共中央　国务院关于推进安全生产领域改革发展的意见》有关规定,此期间对该公司的安全生产工作全面负责的人是( )。

　　A.张某　　　　　B.安某　　　　　C.徐某　　　　　D.姚某

**正确答案:C**

**【试题解析】**

《中共中央　国务院关于推进安全生产领域改革发展的意见》第二条健全落实安全生产责任制中第六款:严格落实企业主体责任是关于企业主体责任的规定。

"(六)严格落实企业主体责任。企业对本单位安全生产和职业健康工作负全面责任,要严格履行安全生产法定责任,建立健全自我约束、持续改进的内生机制。企业实行全员安全生产责任制度,法定代表人和实际控制人同为安全生产第一责任人,主要技术负责人负有安全生产技术决策和指挥权,强化部门安全生产职责,落实一岗双责。完善落实混合所有制企业以及跨地区、多层级和境外中资企业投资主体的安全生产责任。建立企业全过程安全生产和职业健康管理制度,做到安全责任、管理、投入、培训和应急救援'五到位'。国有企业要发挥安全生产工作示范带头作用,自觉接受属地监管。"

故本题选C。

132.关于应急装备、物资、运力储备和应急队伍建设,下列说法不正确的是(    )。

A. 城市客运企业应建立健全应急装备和应急物资储备、维护、管理和调拨制度

B. 城市客运企业应建立由本单位安全管理人员组成的专职或者兼职应急队伍

C. 城市客运企业应当将本单位应急装备、应急物资、运力储备和应急队伍的实时情况及时报所在地交通运输主管部门备案

D. 城市客运企业应配备必要的专用应急指挥交通工具和应急通信装备

**正确答案:B**

**【试题解析】**

《交通运输突发事件应急管理规定》第十四条是关于交通运输主管部门、交通运输企业建设交通运输专业应急队伍的规定。

"第十四条　交通运输主管部门可以根据交通运输突发事件应急处置的实际需要,统筹规划、建设交通运输专业应急队伍。

"交通运输企业应当根据实际需要,建立由本单位职工组成的专职或者兼职应急队伍。"

故本题选 B。

133.依据《中华人民共和国安全生产法》,城市客运企业主要负责人和安全管理人员应当具备与本企业所从事的生产经营活动相适应的安全生产知识和管理能力,并经县级以上(    )对其安全生产知识和管理能力考核合格。

A. 交通运输主管部门        B. 安全监督管理部门

C. 应急管理部门            D. 职业资格培训中心

**正确答案:A**

**【试题解析】**

《中华人民共和国安全生产法》第二十七条是关于生产经营单位主要负责人和安全产生管理人员能力要求、能力考核,以及企业聘用注册安全工程师的规定。

"第二十七条　生产经营单位的主要负责人和安全生产管理人员必须具备与本单位所从事的生产经营活动相应的安全生产知识和管理能力。

"……"

"危险物品的生产、经营、储存、装卸单位以及矿山、金属冶炼、建筑施工、运输单位的主要负责人和安全生产管理人员,应当由主管的负有安全生产监督管理职责的部门对其安全生产知识和管理能力考核合格。考核不得收费。

"……"

交通运输主管部门是城市客运企业安全生产监督管理的部门,故本题选 A。

134.根据《机动车运行安全技术条件》,从事城市客运的车辆应当满足国家标准和交通运输行业标准,各领域都必须要遵守的标准是(    )

A. 机动车运行安全技术条件        B. 营运客车安全技术条件

C. 营运货车安全技术条件          D. 电动客车选型技术标准

正确答案:A

【试题解析】

《机动车运行安全技术条件》(GB 7258—2017)规定了机动车的整车及主要总成、安全防护装置等有关运行安全的基本技术要求,以及消防车、救护车、工程救险车和警车及残疾人专用汽车的附加要求。该标准适用于在中国道路上行驶的所有机动车,但不适用于有轨电车及并非为在道路上行驶和使用而设计和制造、主要用于封闭道路和场所作业施工的轮式专用机械车。

故本题选 A。

135.城市客运企业应对企业所属运营车辆定期进行安全检查。下列不属于安全例行检查应配备的工具及安全防护用品的是(　　　)。

　　A.检验锤

　　B.轮胎气压表

　　C.安全帽、工装、手套、反光背心等

　　D.车辆电气系统检测设备

正确答案:D

【试题解析】

车辆电气系统检测设备不属于安全防护用品,故本题选 D。

136.依据《生产经营单位安全培训规定》,下列关于城市客运企业的说法不正确的是(　　　)。

　　A.企业应当对从业人员进行安全生产教育培训,未经安全生产教育培训合格的从业人员,不得上岗作业

　　B.企业使用实习学生的,应当将实习学生纳入本企业从业人员统一进行安全生产教育培训。企业采用新工艺、新技术、新材料或者使用新设备,应当对从业人员进行专门的安全生产教育培训

　　C.从业人员的安全生产教育培训应当以企业自主培训为主,也可委托、聘请具备对外开展安全生产教育培训业务的机构或其他企业进行安全生产教育培训

　　D.企业主要负责人和安全管理人员初次安全生产教育培训时间不得少于48学时,每年再培训时间不少于12学时

正确答案:D

【试题解析】

《生产经营单位安全培训规定》第九条明确了生产经营单位主要负责人和安全生产管理人员初次安全培训的学时。

"第九条　生产经营单位主要负责人和安全生产管理人员初次安全培训时间不得少于32学时。每年再培训时间不得少于12学时。

"煤矿、非煤矿山、危险化学品、烟花爆竹、金属冶炼等生产经营单位主要负责人和安全

生产管理人员初次安全培训时间不得少于48学时,每年再培训时间不得少于16学时。"

故本题选D。

137.根据海因里希事故因果连锁理论,防止事故发生最重要是(   )。

    A.优质遗传

    B.优等教育

    C.遮蔽性格缺点

    D.防止人的不安全行为和消除物的不安全状态

**正确答案:D**

**【试题解析】**

海因里希把工业伤害事故的发生、发展过程描述为具有一定因果关系的事件的连锁发生过程,即:

(1)人员伤亡的发生是事故的结果。

(2)事故的发生是由于人的不安全行为,物的不安全状态。

(3)人的不安全行为或物的不安全状态是由于人的缺点造成的。

(4)人的缺点是由于不良环境诱发的,或者是由先天的遗传因素造成的。

在该理论中,海因里希借助于多米诺骨牌形象地描述了事故的因果连锁关系,即事故的发生是一连串事件按一定顺序互为因果依次发生的结果。如一块骨牌倒下,则将发生连锁反应,使后面的骨牌依次倒下。

根据海因里希事故因果理论,企业安全工作的中心就是防止人的不安全行为,消除机械的或物的不安全状态,中断事故连锁的进程而避免事故的发生。

故本题选D。

138.下列属于海因里希事故致因理论中人的不安全行为的是(   )

    A.车辆故障      B.疲劳驾驶      C.开车系安全带    D.路面湿滑

**正确答案:B**

**【试题解析】**

海因里希把工业伤害事故的发生、发展过程描述为具有一定因果关系的事件的连锁发生过程,即:

(1)人员伤亡的发生是事故的结果。

(2)事故的发生是由于人的不安全行为,物的不安全状态。

(3)人的不安全行为或物的不安全状态是由于人的缺点造成的。

(4)人的缺点是由于不良环境诱发的,或者是由先天的遗传因素造成的。

在该理论中,海因里希借助于多米诺骨牌形象地描述了事故的因果连锁关系,即事故的发生是一连串事件按一定顺序互为因果依次发生的结果。如一块骨牌倒下,则将发生连锁反应,使后面的骨牌依次倒下。

海因里希事故因果理论中,B选项属于人的不安全行为,C现象属于人的安全行为,A、D

选项是物的不安全状态,故本题选 B。

139.依据《中华人民共和国安全生产法》,关于事故隐患排查治理,以下表述不正确的是(　　)。

　　A.生产经营单位的安全生产管理人员应当根据本单位的生产经营特点,对安全生产状况进行经常性检查

　　B.生产经营单位对检查中发现的安全问题,应当立即处理

　　C.生产经营单位对检查中发现的安全问题,视情况需要进行处理

　　D.生产经营单位对检查中发现的安全问题不能处理的,应当及时报告本单位有关负责人,有关负责人应当及时处理

**正确答案:C**

**【试题解析】**

《中华人民共和国安全生产法》第四十六条是关于生产经营单位安全生产管理人员应当根据本单位的生产经营特点,对安全生产状况进行经常性检查并对发现的问题进行处理与报告的规定。

"第四十六条　生产经营单位的安全生产管理人员应当根据本单位的生产经营特点,对安全生产状况进行经常性检查;对检查中发现的安全问题,应当立即处理;不能处理的,应当及时报告本单位有关负责人,有关负责人应当及时处理。检查及处理情况应当如实记录在案。

"生产经营单位的安全生产管理人员在检查中发现重大事故隐患,依照前款规定向本单位有关负责人报告,有关负责人不及时处理的,安全生产管理人员可以向主管的负有安全生产监督管理职责的部门报告,接到报告的部门应当依法及时处理。"

故本题选 C。

140.海因里希把工业伤害事故的发生、发展过程描述为具有一定因果关系的事件的连锁发生过程,由事故后果往前分为四个阶段,下列表述错误的是(　　)。

　　A.人员伤亡的发生是事故的结果

　　B.事故的发生是由于人的不安全行为或物的不安全状态

　　C.人的不安全行为或物的不安全状态是由于不良环境造成的

　　D.人的缺点是由于不良环境诱发的,或者是由先天的遗传因素造成的

**正确答案:C**

**【试题解析】**

海因里希把工业伤害事故的发生、发展过程描述为具有一定因果关系的事件的连锁发生过程,即:

(1)人员伤亡的发生是事故的结果。

(2)事故的发生是由于人的不安全行为,物的不安全状态。

(3)人的不安全行为或物的不安全状态是由于人的缺点造成的。

(4)人的缺点是由于不良环境诱发的,或者是由先天的遗传因素造成的。

在该理论中,海因里希借助于多米诺骨牌形象地描述了事故的因果连锁关系,即事故的发生是一连串事件按一定顺序互为因果依次发生的结果。如一块骨牌倒下,则将发生连锁反应,使后面的骨牌依次倒下。

根据上述理论,伤害事故连锁构成中人的不安全行为或物的不安全状态是由人的缺点造成的,故本题选C。

141.依据《全国安全生产应急救援体系总体规划方案》,应急救援体系是由组织体制、运作机制、(　　)和应急保障系统四部分构成的。

　　　A.运营机制　　　　B.法制基础　　　　C.指挥机制　　　　D.响应机制

正确答案:B

【试题解析】

依据《全国安全生产应急救援体系总体规划方案》,应急救援体系是由组织体制、运作机制、法治基础和应急保障系统四部分构成的,故本题选B。

142.依据《突发事件应急预案管理办法》,企业的应急预案应由本单位(　　)签署,向本单位从业人员公布,并及时发放到本单位有关部门、岗位和相关应急救援队伍。

　　　A.主要负责人　　　　　　　　　　B.分管安全负责人

　　　C.安全管理机构　　　　　　　　　D.安全管理人员

正确答案:A

【试题解析】

《突发事件应急预案管理办法》第十九条明确了企业应急预案的签发要求。

"第十九条　国家总体应急预案报国务院审批,以国务院名义印发;专项应急预案报国务院审批,以国务院办公厅名义印发;部门应急预案由部门有关会议审议决定,以部门名义印发,必要时,可以由国务院办公厅转发。地方各级人民政府总体应急预案应当经本级人民政府常务会议审议,以本级人民政府名义印发;专项应急预案应当经本级人民政府审批,必要时经本级人民政府常务会议或专题会议审议,以本级人民政府办公厅(室)名义印发;部门应急预案应当经部门有关会议审议,以部门名义印发,必要时,可以由本级人民政府办公厅(室)转发。单位和基层组织应急预案须经本单位或基层组织主要负责人或分管负责人签发,审批方式根据实际情况确定。"

故本题选A。

143.依据《生产安全事故应急预案管理办法》,城市客运企业制定的应急预案应当至少每(　　)年评估一次,预案修订情况应有记录并归档。

　　　A.一　　　　　　　B.二　　　　　　　C.三　　　　　　　D.四

正确答案:C

【试题解析】

《生产安全事故应急预案管理办法》第三十五条是关于应急预案定期评估制度的规定。

"第三十五条　应急预案编制单位应当建立应急预案定期评估制度,对预案内容的针对性和实用性进行分析,并对应急预案是否需要修订作出结论。

"矿山、金属冶炼、建筑施工企业和易燃易爆物品、危险化学品等危险物品的生产、经营、储存、运输企业、使用危险化学品达到国家规定数量的化工企业、烟花爆竹生产、批发经营企业和中型规模以上的其他生产经营单位,应当每三年进行一次应急预案评估。

"应急预案评估可以邀请相关专业机构或者有关专家、有实际应急救援工作经验的人员参加,必要时可以委托安全生产技术服务机构实施。"

故本题选 C。

144.依据《生产安全事故应急预案管理办法》,生产经营单位应制定应急演练计划,根据本单位的事故预防重点,每( )至少组织一次综合应急预案演练。

　　A.月　　　　　　B.季度　　　　　　C.半年　　　　　　D.年

**正确答案:D**

**【试题解析】**

《生产安全事故应急预案管理办法》第三十三条是关于生产经营单位制定本单位应急预案演练计划以及定期实施应急预案演练的规定。

"第三十三条　生产经营单位应当制定本单位的应急预案演练计划,根据本单位的事故风险特点,每年至少组织一次综合应急预案演练或者专项应急预案演练,每半年至少组织一次现场处置方案演练。

"……"

故本题选 D。

145.对应急预案的完整性和周密性进行评估,可采用多种应急演练方法。下列有关演练的说法中,错误的是( )。

　　A.口头演练是采取口头评论形式,收集参演人员的建议,总结演练活动和提出有关改进应急响应工作的建议

　　B.桌面演练是锻炼参演人员解决问题的能力,解决应急组织相互协作和职责划分的问题

　　C.功能演练是针对应急响应功能,检验应急人员以及应急体系的策划和响应能力

　　D.全面演练是对应急预案中全部或大部分应急响应功能,检验、评价应急组织应急运行能力的演练活动

**正确答案:A**

**【试题解析】**

应急演练有三种方式,分别是桌面演练、功能演练和全面演练。

桌面演练的基本任务是锻炼参演人员解决问题的,解决应急组织相互写作和职责划分的问题。桌面演练一般在会议室内举行,由应急组织的代表或关键岗位人员参加,针对有限的应急相应和内部协调活动,按照应急预案及标准工作程序讨论紧急情况时应采取的行动。

功能演练的基本任务是针对应急响应功能,检验应急人员以及应急体系的策划和响应

能力。功能演练一般在应急指挥中心或现场指挥部举行,并可同事开展现场演练,调用有限的应急设备。

全面演练的基本任务是对应急预案中全部或大部分应急响应功能进行检验,以评价应急组织应急运行的能力和相互协调的能力。全面演练为现场演练,演练过程要求尽量真实,调用更多的应急人员和资源,进行实战性演练,可采取交互式方式进行,一般持续几个小时或更长时间。

故本题选A。

146.(    )是驾驶员生理条件最差的时候,容易疲劳,视力下降,对速度和距离判断注意力不集中。

  A.早上   B.中午   C.下午   D.夜间

正确答案:D

【试题解析】

夜间驾驶时,受车辆、环境条件和人自身的生理特点影响,驾驶员的视力变差、视距变短、视野变窄。同时,驾驶员的观察力和判断力有所降低,这使得夜间成为交通事故高发的一个时段。因此,夜间行车一定要仔细观察、合理控制车速、正确使用灯光。

故本题选D。

147.生产经营单位存在重大风险的,应制定专项动态监测计划,定期更新监测数据或状态,每月不少于(    )次。

  A.1   B.2   C.3   D.4

正确答案:A

【试题解析】

《公路水路行业安全生产风险辨识评估管控基本规范(试行)》7.4.1是关于监测预警工作制度和监控工作要求的规定。

"7.4.1 监预预警

"……

"生产经营单位存在重大风险的,应制定专项动态监测计划,定期更新监测数据或状态,每月不少于1次,并单独建档。

"……"

故本题选A。

148.依据《交通运输突发事件应急管理规定》,交通运输企业应当按照交通运输主管部门制定的应急预案的有关要求,制订(    )应急培训计划,组织开展应急培训工作。

  A.月度   B.季度   C.年度   D.综合

正确答案:C

【试题解析】

《交通运输突发事件应急管理规定》第二十条明确规定:"交通运输主管部门应当建立

健全交通运输突发事件应急培训制度,并结合交通运输的实际情况和需要,组织开展交通运输应急知识的宣传普及活动。

"交通运输企业应当按照交通运输主管部门制定的应急预案的有关要求,制订年度应急培训计划,组织开展应急培训工作。"

故本题选 C。

149.依据《安全生产事故隐患排查治理暂行规定》,生产经营单位应当建立安全隐患报告和举报奖励制度,鼓励、发动职工发现和排除事故隐患,鼓励社会公众举报。对发现、排除和举报事故隐患的有功人员,应当给予( )和表彰。

    A.物质奖励      B.精神奖励      C.口头表扬      D.荣誉称号

**正确答案:A**

**【试题解析】**

《安全生产事故隐患排查治理暂行规定》第十一条是关于应当建立事故隐患报告和举报奖励制度的规定。

"第十一条 生产经营单位应当建立事故隐患报告和举报奖励制度,鼓励、发动职工发现和排除事故隐患,鼓励社会公众举报。对发现、排除和举报事故隐患的有功人员,应当给予物质奖励和表彰。"

故本题选 A。

150.关于应急装备、物资、运力储备和应急队伍建设,下列说法错误的是( )。

    A.建立健全应急装备和应急物资储备、维护、管理和调拨制度

    B.企业建立由本单位人事管理人员组成的专职或者兼职应急队伍

    C.企业应当将本单位应急装备、应急物资、运力储备和应急队伍的实时情况及时报所在地交通运输主管部门备案

    D.企业应配备必要的专用应急指挥交通工具和应急通信装备

**正确答案:B**

**【试题解析】**

《交通运输突发事件应急管理规定》第十三条规定:"交通运输主管部门、交通运输企业应当按照有关规划和应急预案的要求,根据应急工作的实际需要,建立健全应急装备和应急物资储备、维护、管理和调拨制度,储备必需的应急物资和运力,配备必要的专用应急指挥交通工具和应急通信装备,并确保应急物资装备处于正常使用状态。"故 A、D 选项正确。

第十四条规定:"交通运输主管部门可以根据交通运输突发事件应急处置的实际需要,统筹规划、建设交通运输专业应急队伍。交通运输企业应当根据实际需要,建立由本单位职工组成的专职或者兼职应急队伍。"应急队伍不是由本单位安全管理人员组成的,故 B 选项错误。

第十六条规定:"交通运输主管部门应当将本辖区内应急装备、应急物资、运力储备和应急队伍的实时情况及时报上级交通运输主管部门和本级人民政府备案。交通运输企业应当

将本单位应急装备、应急物资、运力储备和应急队伍的实时情况及时报所在地交通运输主管部门备案。"故 C 选项正确。

故本题选 B。

151.某城市客运企业结合本单位的危险源状况、危险性分析情况和可能发生的事故特点,制订了相应的应急预案。该预案主要从总体上阐述事故的应急工作原则,包括企业的应急组织机构及职责、应急预案体系、事故风险描述、预警及信息报告、应急响应、保障措施、应急预案管理等内容,该预案属于(    )。

    A.专项应急预案               B.综合应急预案

    C.现场处置方案               D.一般应急预案

**正确答案:B**

**【试题解析】**

《生产经营单位生产安全事故应急预案编制导则》(GB/T 29639—2020)中明确了现场处置方案的主要内容。第十三条规定,"生产经营单位风险种类多、可能发生多种类型事故的,应当组织编制综合应急预案。综合应急预案应当规定应急组织机构及其职责、应急预案体系、事故风险描述、预警及信息报告、应急响应、保障措施、应急预案管理等内容。"

故本题选 B。

152.安全生产风险等级按照可能导致安全生产事故的后果和概率,由高到低依次分为(    )四个等级。

    A.特别重大、重大、较大、一般      B.特别重大、重大、一般、较小

    C.重大、较大、一般和较小         D.重大、较大、一般和轻微

**正确答案:C**

**【试题解析】**

《公路水路行业安全生产风险辨识评估管控基本规范(试行)》6.2 风险等级评估标准明确了风险等级划分。

"6.2 风险等级评估标准    公路水路交通运输行业安全生产风险等级(D)由高到低统一划分为四级:重大、较大、一般、较小。……

"……"

故本题选 C。

153.依据《公路水路行业安全生产风险管理暂行办法》,城市客运企业应严格落实风险管控措施,保障必要的投入,将风险(    )。

    A.全部消除                   B.部分消除

    C.控制在可接受范围        D.一定程度进行降低

**正确答案:C**

**【试题解析】**

《公路水路行业安全生产风险辨识评估管控基本规范》在 7.1 一般要求中明确规定:"生

产经营单位应根据不同作业单元的风险等级,明确风险管控责任、制定相关制度、实施风险管控,将安全生产风险控制在可接受范围之内,防范安全生产事故发生。"

故本题选 C。

154.生产经营单位已有致险因素发生变化,导致后果严重程度显著变化时,应及时开展( )。

    A.风险辨识     B.风险管控     C.风险再评估     D.风险分析

**正确答案:C**

**【试题解析】**

根据《公路水路行业安全生产风险辨识评估管控基本规范》6.4 风险等级的调整与变更明确要求:"生产经营单位发现新的致险因素出现,或已有主要致险因素发生变化,导致发生风险事件可能性,或后果严重程度显著变化时,应及时开展风险再评估,并变更风险等级。"

故本题选 C。

155.依据《中华人民共和国安全生产法》,企业存在( )应向属地负有安全生产监督管理职责的管理部门及时报告。

    A.一般安全隐患         B.重大安全隐患

    C.较大安全隐患         D.安全生产风险

**正确答案:B**

**【试题解析】**

《中华人民共和国安全生产法》第四十一条规定:"……重大事故隐患排查治理情况应当及时向负有安全生产监督管理职责的部门和职工大会或者职工代表大会报告。"

第四十六条规定:"生产经营单位的安全生产管理人员在检查中发现重大事故隐患,依照前款规定向本单位有关负责人报告,有关负责人不及时处理的,安全生产管理人员可以向主管的负有安全生产监督管理职责的部门报告,接到报告的部门应当依法及时处理。"

故本题选 B。

156.依据《中华人民共和国安全生产法》,城市客运企业委托第三方专业服务机构提供隐患治理相关支持工作,承担隐患治理主体责任的是( )。

    A.该城市客运企业

    B.属地交通运输主管部门

    C.第三方专业服务机构

    D.该城市客运企业的安全管理机构

**正确答案:A**

**【试题解析】**

《公路水路行业安全生产事故隐患治理暂行办法》第五十一条规定:"受交通运输管理部门或生产经营单位委托承担隐患治理相关工作的第三方服务机构,第三方服务机构应承担相应的责任,生产经营单位虽然可以委托第三方专业服务机构提供隐患治理支持,但是依然承担隐患治理主体责任。"

157.城市客运企业应当按照有关规定加强安全生产风险管理,适时开展安全生产风险辨识和评估,安全生产风险辨识结束后应形成(　　)。

A. 辨识手册　　　　　　　　B. 辨识清单

C. 风险管控指南　　　　　　D. 风险清单

**正确答案:D**

**【试题解析】**

风险辨识,是指在风险事故发生之前,人们运用各种方法系统地、连续地认识所面临的各种风险以及分析风险事故发生的潜在原因。简单地讲,风险辨识就是确定风险。生产经营单位应针对本单位生产经营活动范围及其生产经营环节,按照相关法规标准要求,编制风险辨识手册,明确风险辨识范围、方式和程序。企业编制风险辨识手册辨识风险(人、物、环境、管理),形成风险清单。

故本题选D。

158.依据《生产安全事故报告和调查处理条例》,关于生产安全事故等级划分条件,以下说法正确的是(　　)。

A.死亡、重伤人数及直接经济损失满足任意一项

B.死亡、重伤人数及直接经济损失满足任意两项

C.死亡、重伤人数及直接经济损失需要同时满足

D.只需通过死亡、重伤人数判断

**正确答案:A**

**【试题解析】**

《生产安全事故报告和调查处理条例》第三条是关于生产安全事故等级划分标准的规定。

"第三条　根据生产安全事故(以下简称事故)造成的人员伤亡或者直接经济损失,事故一般分为以下等级:

"(一)特别重大事故,是指造成30人以上死亡,或者100人以上重伤(包括急性工业中毒,下同),或者1亿元以上直接经济损失的事故;

"(二)重大事故,是指造成10人以上30人以下死亡,或者50人以上100人以下重伤,或者5000万元以上1亿元以下直接经济损失的事故;

"(三)较大事故,是指造成3人以上10人以下死亡,或者10人以上50人以下重伤,或者1000万元以上5000万元以下直接经济损失的事故;

"(四)一般事故,是指造成3人以下死亡,或者10人以下重伤,或者1000万元以下直接经济损失的事故。

"国务院安全生产监督管理部门可以会同国务院有关部门,制定事故等级划分的补充性规定。

"本条第一款所称的"以上"包括本数,所称的"以下"不包括本数。"

由上述条款可见生产安全事故等级划分以死亡、重伤及直接经济损失三个指标确定,且三个指标是"或"的关系,故本题选 A。

159. 根据危险源在事故发生中所起的作用不同,可将危险源划分为(　　)和状态危险源。

    A. 主要危险源　　　　　　　　　　B. 次要危险源

    C. 根源危险源　　　　　　　　　　D. 特殊危险源

**正确答案:C**

**【试题解析】**

《职业健康安全管理体系　要求及使用指南》(GB/T 45001—2020)中定义危险源为可能导致伤害和健康损害的来源,危险源可包括可能导致伤害或危险状态的来源或可能因暴露而导致伤害和健康损害的环境。危险源划分为根源危险源(又称第一类危险源)和状态危险源(又称第二类危险源)。

故本题选 C。

160. 根源危险源是客观存在的,(　　)大多数是人为因素造成的。

    A. 主要危险源　　　　　　　　　　B. 次要危险源

    C. 根源危险源　　　　　　　　　　D. 状态危险源

**正确答案:D**

**【试题解析】**

危险源一般分可为两类:一类是能量或有害物质所构成的第一类危险源,如行驶车辆具有的动能、高处重物具有的势能以及电能等,都属于根源危险源(第一类危险源),它是导致事故的根源。另一类是包括人的不安全行为或物的不安全状态以及监管缺陷等在内的状态危险源(第二类危险源),也即危险源定义中的不安全状态、行为。它是防控屏障上那些影响其作用发挥的缺陷或漏洞,正是这些缺陷或漏洞致使约束能量或有害物质的屏障失效,导致能量或有害物质失控,从而造成事故发生。

故本题选 D。

161. 关于饮酒驾车,以下说法错误的是(　　)。

    A. 饮酒后驾车是指车辆驾驶员血液中的酒精含量大于或者等于 20mg/100ml 的驾驶行为

    B. 醉酒驾车是指车辆驾驶员血液中的酒精含量大于或者等于 80mg/100ml 的驾驶行为

    C. 驾驶员饮酒不会对视力产生影响

    D. 驾驶员饮酒会影响思维能力,造成感觉机能降低、反应迟钝、意识混乱、判断力下降、动作不协调

**正确答案:C**

**【试题解析】**

根据《车辆驾驶人员血液、呼气酒精含量阈值与检验》(GB 19522—2010)规定:车辆驾

驶人员血液中的酒精含量大于或者等于20mg/100ml,小于80mg/100ml的驾驶行为为饮酒驾车;车辆驾驶人员血液中的酒精含量大于或者等于80mg/100ml的驾驶行为为醉酒驾车。

饮酒会影响思维能力及视力,造成感觉机能降低、反应迟钝、意识混乱、判断力下降、动作不协调等。

故本题选C。

162.关于城市客运企业生产安全事故隐患排查治理,下列说法错误的是(　　)。

    A.城市客运企业应当建立生产安全事故隐患排查治理制度

    B.城市客运企业应当对排查出的生产安全事故隐患进行上报,由主管机关下达整改要求,组织整改治理

    C.城市客运企业应当对本单位生产安全事故隐患排查治理情况进行统计,分析事故隐患形成原因、特点及规律,对多发普发的事故隐患应当深入分析,建立事故隐患排查治理长效机制

    D.城市客运企业应当积极配合交通运输等相关部门依法进行的生产安全事故隐患监督检查

**正确答案:B**

**【试题解析】**

《交通运输企业安全生产标准化建设基本规范　第1部分:总体要求》(JT/T 1180.1—2018)中5.8隐患排查和治理对隐患排查和治理提出明确要求。

"5.8.1.4　企业对排查出的事故隐患进行排查记录,依据确定的隐患等级划分标准对发现或排查出的事故隐患进行判定,确定事故隐患等级并进行登记,行程事故隐患清单。企业应将重大事故隐患想属地负有安全生产监督管理职责的交通运输管理部门备案。"

"5.8.2.1　对于一般事故隐患,企业应按照职责分工立即组织整改,确保及时进行治理。"

对于重大事故隐患,企业主要负责人组织制定专项隐患治理整改方案,并确保整改措施、责任、资金、实现和预案'五到位'……"

故本题选B。

163.依据《中华人民共和国突发事件应对法》,突发事件,是指突然发生,造成或者可能造成严重社会危害,需要采取应急处置措施予以应对的(　　)。

    A.自然灾害、事故灾难、环境危机和社会安全事件

    B.自然灾害、事故灾难、经济危机和社会安全事件

    C.自然灾害、事故灾难、公共卫生事件和社会安全事件

    D.自然灾害、事故灾难、资源危机和社会安全事件

**正确答案:C**

**【试题解析】**

《中华人民共和国突发事件应对法》第三条是关于突发事件的定义和分级的规定。

"第三条　本法所称突发事件,是指突然发生,造成或者可能造成严重社会危害,需要采取应急处置措施予以应对的自然灾害、事故灾难、公共卫生事件和社会安全事件。

"……"

故本题选 C。

164.依据《中华人民共和国安全生产法》中有关事故隐患排查治理的规定,下列表述不正确的是(　　)。

　　A.生产经营单位应当建立健全生产安全事故隐患排查治理制度

　　B.生产经营单位应当采取技术、管理措施,及时发现并消除事故隐患

　　C.事故隐患排查治理情况应当如实记录,并向从业人员通报

　　D.事故隐患排查治理情况应当如实记录,并向当地公安部门通报

**正确答案:D**

**【试题解析】**

《中华人民共和国安全生产法》第四十一条是关于生产经营单位安全管控及事故隐患排查治理和报告的规定。

"第四十一条　……

"生产经营单位应当建立健全并落实生产安全事故隐患排查治理制度,采取技术、管理措施,及时发现并消除事故隐患。事故隐患排查治理情况应当如实记录,并通过职工大会或者职工代表大会、信息公示栏等方式向从业人员通报。其中,重大事故隐患排查治理情况应当及时向负有安全生产监督管理职责的部门和职工大会或者职工代表大会报告。

"……"

故本题选 D。

165.依据《中华人民共和国安全生产法》,城市客运企业的(　　)对本单位隐患治理工作全面负责,应当部署、督促、检查本单位或本单位职责范围内的隐患治理工作,及时消除隐患。

　　A.主要负责人　　　　　　　　　　B.安全分管负责人

　　C.隐患排查治理部门　　　　　　　D.安全管理人员

**正确答案:A**

**【试题解析】**

《中华人民共和国安全生产法》第二十一条是关于生产经营单位主要负责人对本单位安全生产工作所负职责的规定,也是主要负责人对本单位安全生产工作全面负责的具体要求。

"第二十一条　……

"(五)组织建立并落实安全风险分级管控和隐患排查治理双重预防工作机制,督促、检查本单位的安全生产工作,及时消除生产安全事故隐患;

"……"

故本题选 A。

166.依据《生产安全事故报告和调查处理条例》,生产安全事故发生后,事故现场有关人

员应当立即向本单位负责人报告;单位负责人接到报告后,应当于( )内向事故发生地县级以上人民政府安全生产监督管理部门和负有安全生产监督管理职责的有关部门报告。

    A.3 小时        B.2 小时        C.1 小时        D.30 分钟

正确答案:C

【试题解析】

《生产安全事故报告和调查处理条例》第九条是关于事故发生后事故指导制度的规定。

"第九条  事故发生后,事故现场有关人员应当立即向本单位负责人报告;单位负责人接到报告后,应当于 1 小时内向事故发生地县级以上人民政府安全生产监督管理部门和负有安全生产监督管理职责的有关部门报告。

"……"

故本题选 C。

167. 生产经营单位应当编制生产安全事故应急预案。应急预案编制过程中,内容必须包括的是( )。

    A. 应急设备资源分析            B. 应急人力资源分析

    C. 重大危险源辨识              D. 应急部门职责分析

正确答案:C

【试题解析】

《生产安全事故应急预案管理办法》是关于生产经营单位应急预案分类及各种应急预案的性质,适用情景的规定。

"第六条  生产经营单位应急预案分为综合应急预案、专项应急预案和现场处置方案。综合应急预案,是指生产经营单位为应对各种生产安全事故而制定的综合性工作方案,是本单位应对生产安全事故的总体工作程序、措施和应急预案体系的总纲。

"专项应急预案,是指生产经营单位为应对某一种或者多种类型生产安全事故,或者针对重要生产设施、重大危险源、重大活动防止生产安全事故而制定的专项性工作方案。

"现场处置方案,是指生产经营单位根据不同生产安全事故类型,针对具体场所、装置或者设施所制定的应急处置措施。"

故本题选 C。

168. 根据《生产安全事故报告和调查处理条例》,一般事故的重伤人数划分标准是( )。

    A.10 人以上 50 人以下            B.100 人以上

    C.10 人以下                   D.50 人以上 100 人以下

正确答案:C

【试题解析】

《生产安全事故报告和调查处理条例》第三条是关于生产安全事故等级划分标准的规定。

"第三条  ……

"(四)一般事故,是指造成3人以下死亡,或者10人以下重伤,或者1000万元以下直接经济损失的事故。

"……"

故本题选C。

169.依据《生产安全事故报告和调查处理条例》,以下选项中不属于事故调查处理需要进行的活动的是(   )。

    A.及时、准确地查清事故经过、事故原因和事故损失

    B.查明事故性质,认定事故责任

    C.总结事故教训,提出整改措施

    D.对事故责任相关人员进行批评教育

**正确答案:D**

**【试题解析】**

《生产安全事故报告和调查处理条例》第四条是关于事故报告和事故调查处理要求的规定。

"第四条 事故报告应当及时、准确、完整,任何单位和个人对事故不得迟报、漏报、谎报或者瞒报。

"事故调查处理应当坚持实事求是、尊重科学的原则,及时、准确地查清事故经过、事故原因和事故损失,查明事故性质,认定事故责任,总结事故教训,提出整改措施,并对事故责任者依法追究责任。"

故本题选D。

## 二、多选题

170.依据《中华人民共和国安全生产法》,安全生产工作实行管行业必须管安全、管业务必须管安全、管生产经营必须管安全,强化和落实生产经营单位主体责任与政府监管责任,建立(   )和社会监督的机制。

    A.生产经营单位负责        B.职工参与

    C.政府监管              D.行业自律

**正确答案:ABCD**

**【试题解析】**

《中华人民共和国安全生产法》第三条中有关"三管三必须"的规定与选项相对应:

"第三条 ……

"安全生产工作实行管行业必须管安全、管业务必须管安全、管生产经营必须管安全,强化和落实生产经营单位主体责任与政府监管责任,建立生产经营单位负责、职工参与、政府监管、行业自律和社会监督的机制。"

从上述规定看,A、B、C、D选项均在条文规定中,因此是正确的。

171.依据《中华人民共和国安全生产法》,安全生产工作实行(   ),强化和落实生产经营单位主体责任与政府监管责任,建立生产经营单位负责、职工参与、政府监管、行业自律

和社会监督的机制。

    A. 安全生产主体责任          B. 管行业必须管安全

    C. 管业务必须管安全          D. 管生产经营必须管安全

**正确答案:BCD**

**【试题解析】**

《中华人民共和国安全生产法》第三条中有关"三管三必须"的规定与选项相对应:

"第三条 ……

"安全生产工作实行管行业必须管安全、管业务必须管安全、管生产经营必须管安全,强化和落实生产经营单位主体责任与政府监管责任,建立生产经营单位负责、职工参与、政府监管、行业自律和社会监督的机制。"

从上述规定看,B、C、D 选项在条文规定中,因此是正确的;A 选项不是"三管三必须"的内容,因此是错误的。

172. 依据《中华人民共和国安全生产法》,安全生产工作应当以人为本,坚持人民至上、生命至上,把保护人民生命安全摆在首位,树牢安全发展理念,坚持( )的方针,从源头上防范化解重大安全风险。

    A. 安全第一     B. 预防为主     C. 综合治理     D. 联合防控

**正确答案:ABC**

**【试题解析】**

《中华人民共和国安全生产法》第三条中有关安全生产工作方针的规定与选项相对应:

"第三条 ……

"安全生产工作应当以人为本,坚持人民至上、生命至上,把保护人民生命安全摆在首位,树牢安全发展理念,坚持安全第一、预防为主、综合治理的方针,从源头上防范化解重大安全风险。

"……"

从上述规定看,A、B、C 选项均在条文规定内,因此是正确的;D 选项不是条文规定内容,是错误的。

173. 生产经营单位必须遵守《中华人民共和国安全生产法》和其他有关安全生产的法律、法规,加强安全生产管理,建立健全全员安全生产责任制和安全生产规章制度,加大对安全生产资金、物资、技术、人员的投入保障力度,改善安全生产条件,加强安全生产标准化、信息化建设,( ),提高安全生产水平,确保安全生产。

    A. 构建安全风险分级管控和隐患排查治理双重预防机制

    B. 健全风险防范化解机制

    C. 构建综合治理机制

    D. 健全联合防控机制

**正确答案:AB**

【试题解析】

《中华人民共和国安全生产法》第四条中有关生产经营单位安全生产责任的规定与选项相对应：

"第四条 生产经营单位必须遵守本法和其他有关安全生产的法律、法规,加强安全生产管理,建立健全全员安全生产责任制和安全生产规章制度,加大对安全生产资金、物资、技术、人员的投入保障力度,改善安全生产条件,加强安全生产标准化、信息化建设,构建安全风险分级管控和隐患排查治理双重预防机制,健全风险防范化解机制,提高安全生产水平,确保安全生产。

"……"

从上述规定看,A、B 选项均在条文规定内,因此是正确的;C、D 选项不是条文规定内容,因此是错误的。

174.平台经济等新兴行业、领域的生产经营单位应当根据本行业、领域的特点,( )、履行《中华人民共和国安全生产法》和其他法律、法规规定的有关安全生产义务。

 A.建立健全并落实全员安全生产责任制

 B.加强从业人员安全生产教育和培训

 C.加强安全生产教育和培训

 D.建立健全安全生产责任制

正确答案:AB

【试题解析】

《中华人民共和国安全生产法》第四条中有关平台经济等新兴行业、领域的生产经营单位的安全生产责任的规定与选项相对应:

"第四条 ……

平台经济等新兴行业、领域的生产经营单位应当根据本行业、领域的特点,建立健全并落实全员安全生产责任制,加强从业人员安全生产教育和培训,履行本法和其他法律、法规规定的有关安全生产义务。

从上述规定看,A、B 选项均在条文规定内,因此是正确的;C、D 选项表述不准确,因此是错误的。

175.依据《中华人民共和国安全生产法》,下列说法正确的是( )。

 A.生产经营单位的主要负责人对本单位的安全生产工作承担部分责任

 B.生产经营单位的主要负责人是本单位安全生产第一责任人

 C.其他负责人对职责范围内的安全生产工作负责

 D.生产经营单位的主要负责人对本单位的安全生产工作全面负责

正确答案:BCD

【试题解析】

《中华人民共和国安全生产法》第五条中有关生产经营单位的主要负责人和其他负责人

责任的规定与选项相对应:

"第五条 生产经营单位的主要负责人是本单位安全生产第一责任人,对本单位的安全生产工作全面负责。其他负责人对职责范围内的安全生产工作负责。"

从上述规定看,B、C、D选项均在条文规定内,因此是正确的;A选项将生产经营单位的主要负责人的安全生产责任缩小为部分责任不符合条文规定,因此是错误的。

**176.** 依据《中华人民共和国安全生产法》,生产经营单位应当建立健全并落实生产安全事故隐患排查治理制度,采取技术、管理措施,及时发现并消除事故隐患。事故隐患排查治理情况应当如实记录,并通过(　　)等方式向从业人员通报。其中,重大事故隐患排查治理情况应当及时向负有安全生产监督管理职责的部门和职工大会或者职工代表大会报告。

　　A. 职工大会或者职工代表大会　　　B. 通告
　　C. 信息公示栏　　　　　　　　　　D. 发文

**正确答案:AC**

**【试题解析】**

《中华人民共和国安全生产法》第四十一条中有关事故隐患排查治理情况向从业人员通报的规定与选项相对应:

"第四十一条 ……

"生产经营单位应当建立健全并落实生产安全事故隐患排查治理制度,采取技术、管理措施,及时发现并消除事故隐患。事故隐患排查治理情况应当如实记录,并通过职工大会或者职工代表大会、信息公示栏等方式向从业人员通报。其中,重大事故隐患排查治理情况应当及时向负有安全生产监督管理职责的部门和职工大会或者职工代表大会报告。

"……"

从上述规定看,A、C选项均在条文规定内,因此是正确的;B、D选项不符合条文规定,因此是错误的。

**177.** 依据《中华人民共和国安全生产法》,生产经营单位应当建立健全并落实生产安全事故隐患排查治理制度,采取技术、管理措施,及时发现并消除事故隐患。事故隐患排查治理情况应当如实记录,并通过职工大会或者职工代表大会、信息公示栏等方式向从业人员通报。其中,重大事故隐患排查治理情况应当及时向(　　)报告。

　　A. 所在地人民政府　　　　　　B. 负有安全生产监督管理职责的部门
　　C. 职工大会或者职工代表大会　　D. 市场监管部门

**正确答案:BC**

**【试题解析】**

《中华人民共和国安全生产法》第四十一条中有关重大事故隐患排查治理情况"双报告"的规定与选项相对应:

"第四十一条 ……

"生产经营单位应当建立健全并落实生产安全事故隐患排查治理制度,采取技术、管理措施,及时发现并消除事故隐患。事故隐患排查治理情况应当如实记录,并通过职工大会或者职工代表大会、信息公示栏等方式向从业人员通报。其中,重大事故隐患排查治理情况应当及时向负有安全生产监督管理职责的部门和职工大会或者职工代表大会报告。

"……"

从上述规定看,B、C选项均在条文规定内,因此是正确的;A、D选项不符合条文规定,因此是错误的。

178.依据《中华人民共和国安全生产法》,有关部门和机构应当对存在失信行为的生产经营单位及其有关从业人员采取(　　)等联合惩戒措施,并向社会公示。

  A.加大执法检查频次　　　　　B.上调有关保险费率
  C.暂停项目审批　　　　　　　D.行业或者职业禁入

**正确答案:ABCD**

**【试题解析】**

《中华人民共和国安全生产法》第七十八条中明确了有关部门和机构对存在失信行为的生产经营单位及其有关从业人员采取联合惩戒措施的规定并与选项相对应:

"第七十八条　负有安全生产监督管理职责的部门应当建立安全生产违法行为信息库,如实记录生产经营单位及其有关从业人员的安全生产违法行为信息;对违法行为情节严重的生产经营单位及其有关从业人员,应当及时向社会公告,并通报行业主管部门、投资主管部门、自然资源主管部门、生态环境主管部门、证券监督管理机构以及有关金融机构。有关部门和机构应当对存在失信行为的生产经营单位及其有关从业人员采取加大执法检查频次、暂停项目审批、上调有关保险费率、行业或者职业禁入等联合惩戒措施,并向社会公示。

"……"

从上述规定看,A、B、C、D选项均在条文规定内,因此是正确的。

179.依据《中华人民共和国安全生产法》,事故调查处理应当按照科学严谨、依法依规、实事求是、注重实效的原则,(　　),并对事故责任单位和人员提出处理建议。事故调查报告应当依法及时向社会公布。

  A.及时、准确地查清事故原因　　B.查明事故性质和责任
  C.评估应急处置工作　　　　　　D.总结事故教训
  E.提出整改措施

**正确答案:ABCDE**

**【试题解析】**

《中华人民共和国安全生产法》第八十六条中有关事故调查处理要求的规定与选项相对应:

"第八十六条　事故调查处理应当按照科学严谨、依法依规、实事求是、注重实效的原则,及时、准确地查清事故原因,查明事故性质和责任,评估应急处置工作,总结事故教训,提出整改措施,并对事故责任单位和人员提出处理建议。事故调查报告应当依法及时向社会

公布。事故调查和处理的具体办法由国务院制定。

"事故发生单位应当及时全面落实整改措施,负有安全生产监督管理职责的部门应当加强监督检查。

"……"

从上述规定看,A、B、C、D、E选项均在条文规定内,因此是正确的。

180. 依据《中华人民共和国安全生产法》,生产经营单位存在下列情形之一的,负有安全生产监督管理职责的部门应当提请地方人民政府予以关闭,有关部门应当依法吊销其有关证照。生产经营单位主要负责人五年内不得担任任何生产经营单位的主要负责人;情节严重的,终身不得担任本行业生产经营单位的主要负责人:(      )。

    A. 存在重大事故隐患,一百八十日内三次或者一年内四次受到《中华人民共和国安全生产法》规定的行政处罚的

    B. 经停产停业整顿,仍不具备法律、行政法规和国家标准或者行业标准规定的安全生产条件的

    C. 不具备法律、行政法规和国家标准或者行业标准规定的安全生产条件,导致发生重大、特别重大生产安全事故的

    D. 拒不执行负有安全生产监督管理职责的部门作出的停产停业整顿决定的

**正确答案:ABCD**

**[试题解析]**

《中华人民共和国安全生产法》第一百一十三条中有关生产经营单位违法行为法律责任的规定与选项相对应:

"第一百一十三条 生产经营单位存在下列情形之一的,负有安全生产监督管理职责的部门应当提请地方人民政府予以关闭,有关部门应当依法吊销其有关证照。生产经营单位主要负责人五年内不得担任任何生产经营单位的主要负责人;情节严重的,终身不得担任本行业生产经营单位的主要负责人:

"(一)存在重大事故隐患,一百八十日内三次或者一年内四次受到本法规定的行政处罚的;

"(二)经停产停业整顿,仍不具备法律、行政法规和国家标准或者行业标准规定的安全生产条件的;

"(三)不具备法律、行政法规和国家标准或者行业标准规定的安全生产条件,导致发生重大、特别重大生产安全事故的;

"(四)拒不执行负有安全生产监督管理职责的部门作出的停产停业整顿决定的。"

从上述规定看,A、B、C、D选项均在条文规定内,因此是正确的。

181. 依据《中华人民共和国安全生产法》,生产经营单位有下列行为之一的,责令限期改正,处十万元以下的罚款;逾期未改正的,责令停产停业整顿,并处十万元以上二十万元以下的罚款,对其直接负责的主管人员和其他直接责任人员处二万元以上五万元以下的罚款:(      )。

A. 未按照规定设置安全生产管理机构或者配备安全生产管理人员、注册安全工程师的

B. 危险物品的生产、经营、储存、装卸单位以及矿山、金属冶炼、建筑施工、运输单位的主要负责人和安全生产管理人员未按照规定经考核合格的

C. 未按照规定对从业人员、被派遣劳动者、实习学生进行安全生产教育和培训，或者未按照规定如实告知有关的安全生产事项的

D. 未如实记录安全生产教育和培训情况的

E. 未将事故隐患排查治理情况如实记录或者未向从业人员通报的

**正确答案：ABCDE**

**【试题解析】**

《中华人民共和国安全生产法》第九十七条中有关生产经营单位违法行为法律责任的规定与选项相对应：

"第九十七条　生产经营单位有下列行为之一的，责令限期改正，处十万元以下的罚款；逾期未改正的，责令停产停业整顿，并处十万元以上二十万元以下的罚款，对其直接负责的主管人员和其他直接责任人员处二万元以上五万元以下的罚款：

"（一）未按照规定设置安全生产管理机构或者配备安全生产管理人员、注册安全工程师的；

"（二）危险物品的生产、经营、储存、装卸单位以及矿山、金属冶炼、建筑施工、运输单位的主要负责人和安全生产管理人员未按照规定经考核合格的；

"（三）未按照规定对从业人员、被派遣劳动者、实习学生进行安全生产教育和培训，或者未按照规定如实告知有关的安全生产事项的；

"（四）未如实记录安全生产教育和培训情况的；

"（五）未将事故隐患排查治理情况如实记录或者未向从业人员通报的；

"（六）未按照规定制定生产安全事故应急救援预案或者未定期组织演练的；

"（七）特种作业人员未按照规定经专门的安全作业培训并取得相应资格，上岗作业的。"

从上述规定看，A、B、C、D、E 选项均在条文规定内，因此是正确的。

182. 依据《中华人民共和国安全生产法》，生产经营单位有下列行为之一的，责令限期改正，处五万元以下的罚款；逾期未改正的，处五万元以上二十万元以下的罚款，对其直接负责的主管人员和其他直接责任人员处一万元以上二万元以下的罚款；情节严重的，责令停产停业整顿；构成犯罪的，依照刑法有关规定追究刑事责任：（　　　）。

A. 未在有较大危险因素的生产经营场所和有关设施、设备上设置明显的安全警示标志的

B. 安全设备的安装、使用、检测、改造和报废不符合国家标准或者行业标准的

C. 未对安全设备进行经常性维护、保养和定期检测的

D. 关闭、破坏直接关系生产安全的监控、报警、防护、救生设备、设施，或者篡改、隐

瞒、销毁其相关数据、信息的

E.未为从业人员提供符合国家标准或者行业标准的劳动防护用品的

**正确答案:ABCDE**

**【试题解析】**

《中华人民共和国安全生产法》第九十九条中有关生产经营单位违法行为法律责任的规定与选项相对应:

"第九十九条 生产经营单位有下列行为之一的,责令限期改正,处五万元以下的罚款;逾期未改正的,处五万元以上二十万元以下的罚款,对其直接负责的主管人员和其他直接责任人员处一万元以上二万元以下的罚款;情节严重的,责令停产停业整顿;构成犯罪的,依照刑法有关规定追究刑事责任:

"(一)未在有较大危险因素的生产经营场所和有关设施、设备上设置明显的安全警示标志的;

"(二)安全设备的安装、使用、检测、改造和报废不符合国家标准或者行业标准的;

"(三)未对安全设备进行经常性维护、保养和定期检测的;

"(四)关闭、破坏直接关系生产安全的监控、报警、防护、救生设备、设施,或者篡改、隐瞒、销毁其相关数据、信息的;

"(五)未为从业人员提供符合国家标准或者行业标准的劳动防护用品的;

"(六)危险物品的容器、运输工具,以及涉及人身安全、危险性较大的海洋石油开采特种设备和矿山井下特种设备未经具有专业资质的机构检测、检验合格,取得安全使用证或者安全标志,投入使用的;

"(七)使用应当淘汰的危及生产安全的工艺、设备的;

"(八)餐饮等行业的生产经营单位使用燃气未安装可燃气体报警装置的。"

从上述规定看,A、B、C、D、E选项均在条文规定内,因此是正确的。

183.依据《中华人民共和国刑法》,有下列情形之一,具有发生重大伤亡事故或者其他严重后果的现实危险的,处一年以下有期徒刑、拘役或者管制:( )。

A.关闭、破坏直接关系生产安全的监控、报警、防护、救生设备、设施,或者篡改、隐瞒、销毁其相关数据、信息的

B.因存在重大事故隐患被依法责令停产停业、停止施工、停止使用有关设备、设施、场所或者立即采取排除危险的整改措施,而拒不执行的

C.涉及安全生产的事项未经依法批准或者许可,擅自从事矿山开采、金属冶炼、建筑施工,以及危险物品生产、经营、储存等高度危险的生产作业活动的

D.强令他人违章冒险作业,或者明知存在重大事故隐患而不排除,仍冒险组织作业的

**正确答案:ABC**

**【试题解析】**

《中华人民共和国刑法》第一百三十四条之一中有关危险作业罪的规定与选项相对应:

"第一百三十四条之一　在生产、作业中违反有关安全管理的规定,有下列情形之一,具有发生重大伤亡事故或者其他严重后果的现实危险的,处一年以下有期徒刑、拘役或者管制:

"(一)关闭、破坏直接关系生产安全的监控、报警、防护、救生设备、设施,或者篡改、隐瞒、销毁其相关数据、信息的;

"(二)因存在重大事故隐患被依法责令停产停业、停止施工、停止使用有关设备、设施、场所或者立即采取排除危险的整改措施,而拒不执行的;

"(三)涉及安全生产的事项未经依法批准或者许可,擅自从事矿山开采、金属冶炼、建筑施工,以及危险物品生产、经营、储存等高度危险的生产作业活动的。"

从上述规定看,A、B、C选项均在条文规定内,因此是正确的;D选项内容属于《中华人民共和国刑法》第一百三十四条规定的强令违章冒险作业罪,依据发生重大伤亡事故或者造成其他严重后果的程度,将处五年以下有期徒刑或拘役,甚至5年以上有期徒刑。

184.依据《中华人民共和国刑法》,在道路上驾驶机动车,有下列情形之一的,处拘役,并处罚金(　　　)。

  A.醉酒驾驶机动车的

  B.追逐竞驶,情节恶劣的

  C.从事校车业务或者旅客运输,严重超过额定乘员载客,或者严重超过规定时速行驶的

  D.违反危险化学品安全管理规定运输危险化学品,危及公共安全的

**正确答案:ABCD**

**【试题解析】**

《中华人民共和国刑法》第一百三十三条之一中有关危险驾驶罪的规定与选项相对应:

"第一百三十三条之一　在道路上驾驶机动车,有下列情形之一的,处拘役,并处罚金:

"(一)追逐竞驶,情节恶劣的;

"(二)醉酒驾驶机动车的;

"(三)从事校车业务或者旅客运输,严重超过额定乘员载客,或者严重超过规定时速行驶的;

"(四)违反危险化学品安全管理规定运输危险化学品,危及公共安全的。

"机动车所有人、管理人对前款第三项、第四项行为负有直接责任的,依照前款的规定处罚。

"有前两款行为,同时构成其他犯罪的,依照处罚较重的规定定罪处罚。"

从上述规定看,A、B、C、D选项均在条文规定内,因此是正确的。

185.依据《中华人民共和国消防法》,任何单位、个人不得(　　　)。

  A.损坏、挪用或者擅自拆除、停用消防设施、器材

  B.埋压、圈占、遮挡消火栓或者占用防火间距

  C.占用、堵塞、封闭疏散通道、安全出口、消防车通道

  D.在火灾发生后阻拦报警

正确答案:ABCD

【试题解析】

《中华人民共和国消防法》第二十八条、第四十四条中有关内容的规定与选项相对应:

"第二十八条 任何单位、个人不得损坏、挪用或者擅自拆除、停用消防设施、器材,不得埋压、圈占、遮挡消火栓或者占用防火间距,不得占用、堵塞、封闭疏散通道、安全出口、消防车通道。人员密集场所的门窗不得设置影响逃生和灭火救援的障碍物。"

"第四十四条 任何人发现火灾都应当立即报警。任何单位、个人都应当无偿为报警提供便利,不得阻拦报警。严禁谎报火警。

"……"

从上述规定看,A、B、C选项在第二十八条条文规定内,D选项在第四十四条条文规定内,因此A、B、C、D选项均是正确的。

186 依据《中华人民共和国消防法》,机关、团体、企业、事业单位应当依法履行的消防安全职责包括(　　)。

A.制定消防安全制度　　　　　　　　B.组织防火检查

C.落实消防安全责任制　　　　　　　D.确定消防安全管理人

正确答案:ABC

【试题解析】

《中华人民共和国消防法》第十六条中有关机关、团体、企业、事业等单位的消防安全职责的规定与选项相对应:

"第十六条 机关、团体、企业、事业等单位应当履行下列消防安全职责:

"(一)落实消防安全责任制,制定本单位的消防安全制度、消防安全操作规程,制定灭火和应急疏散预案;

"(二)按照国家标准、行业标准配置消防设施、器材,设置消防安全标志,并定期组织检验、维修,确保完好有效;

"(三)对建筑消防设施每年至少进行一次全面检测,确保完好有效,检测记录应当完整准确,存档备查;

"(四)保障疏散通道、安全出口、消防车通道畅通,保证防火防烟分区、防火间距符合消防技术标准;

"(五)组织防火检查,及时消除火灾隐患;

"(六)组织进行有针对性的消防演练;

"(七)法律、法规规定的其他消防安全职责。

"单位的主要负责人是本单位的消防安全责任人。"

从上述规定看,A、B、C选项均在条文规定内,因此是正确的;消防安全责任人是前述条文第二款法定的责任人,不是单位确定的,因此D选项是错误的。

187.依据《中华人民共和国突发事件应对法》,受到自然灾害危害或者发生事故灾难、公共卫生事件的单位,应当(　　)。

  A.立即组织本单位应急救援队伍和工作人员营救受害人员

  B.疏散、撤离、安置受到威胁的人员

  C.控制危险源

  D.标明危险区域

  E.封锁危险场所

**正确答案:ABCDE**

**【试题解析】**

《中华人民共和国突发事件应对法》第五十六条中有关受到自然灾害危害或者发生事故灾难、公共卫生事件的单位的义务的规定与选项相对应:

"第五十六条　受到自然灾害危害或者发生事故灾难、公共卫生事件的单位,应当立即组织本单位应急救援队伍和工作人员营救受害人员,疏散、撤离、安置受到威胁的人员,控制危险源,标明危险区域,封锁危险场所,并采取其他防止危害扩大的必要措施,同时向所在地县级人民政府报告;对因本单位的问题引发的或者主体是本单位人员的社会安全事件,有关单位应当按照规定上报情况,并迅速派出负责人赶赴现场开展劝解、疏导工作。

"……"

从上述规定看,A、B、C、D、E选项均在条文规定内,因此是正确的。

188.防范恐怖袭击重点目标的管理、营运单位违反《中华人民共和国反恐怖主义法》规定,有下列情形之一的,由公安机关给予警告,并责令改正;拒不改正的,处十万元以下罚款,并对其直接负责的主管人员和其他直接责任人员处一万元以下罚款(　　)。

  A.对公共交通运输工具未依照规定配备安保人员的

  B.对公共交通运输工具未依照规定配备相应设备的

  C.对公共交通运输工具未依照规定配备相应设施的

  D.对公共交通运输工具重要岗位人员进行安全背景审查的

**正确答案:ABC**

**【试题解析】**

《中华人民共和国反恐怖主义法》第八十八条中有关重点目标管理、营运单位违法行为法律责任的规定与选项相对应:

"第八十八条　防范恐怖袭击重点目标的管理、营运单位违反本法规定,有下列情形之一的,由公安机关给予警告,并责令改正;拒不改正的,处十万元以下罚款,并对其直接负责的主管人员和其他直接责任人员处一万元以下罚款:

"(一)未制定防范和应对处置恐怖活动的预案、措施的;

"(二)未建立反恐怖主义工作专项经费保障制度,或者未配备防范和处置设备、设施的;

"(三)未落实工作机构或者责任人员的;

"(四)未对重要岗位人员进行安全背景审查,或者未将有不适合情形的人员调整工作岗位的;

"(五)对公共交通运输工具未依照规定配备安保人员和相应设备、设施的;

"(六)未建立公共安全视频图像信息系统值班监看、信息保存使用、运行维护等管理制度的。

"……"

从上述规定看,A、B、C选项均在条文规定内,因此是正确的;根据该条(四)项规定,是指对重点目标的管理,即营运单位所有重要岗位进行安全背景审查,不仅仅限于公共交通运输工具重要岗位,因此D选项是错误的。

189.依据《中华人民共和国反恐怖主义法》,任何单位和个人(　　)。

　　A.不得编造、传播虚假恐怖事件信息

　　B.不得报道、传播可能引起模仿的恐怖活动的实施细节

　　C.不得发布恐怖事件中残忍、不人道的场景

　　D.在恐怖事件的应对处置过程中,除新闻媒体经负责发布信息的反恐怖主义工作领导机构批准外,不得报道、传播现场应对处置的工作人员、人质身份信息和应对处置行动情况

**正确答案:ABCD**

**【试题解析】**

《中华人民共和国反恐怖主义法》第六十三条中有关单位和个人的禁止性义务规定与选项相对应:

"第六十三条　……

"任何单位和个人不得编造、传播虚假恐怖事件信息;不得报道、传播可能引起模仿的恐怖活动的实施细节;不得发布恐怖事件中残忍、不人道的场景;在恐怖事件的应对处置过程中,除新闻媒体经负责发布信息的反恐怖主义工作领导机构批准外,不得报道、传播现场应对处置的工作人员、人质身份信息和应对处置行动情况。"

从上述规定看,A、B、C、D选项均在条文规定内,因此是正确的。

190.依据《中华人民共和国民法典》,从事公共运输的承运人不得拒绝(　　)通常、合理的运输要求。

　　A.旅客　　　　　　B.驾驶人　　　　　　C.托运人　　　　　　D.受害人

**正确答案:AC**

**【试题解析】**

《中华人民共和国民法典》第八百一十条中有关从事公共运输的承运人义务的规定与选项相对应:

"第八百一十条　从事公共运输的承运人不得拒绝旅客、托运人通常、合理的运输要求。"

从上述规定看,A、C 选项均在条文规定内,因此是正确的;驾驶人是承运人的雇佣者或者本身就是承运人,因此 B 选项是错误的,受害人往往是通常、合理运输要求的权利人,因此 D 选项是错误的。

191.依据《中华人民共和国民法典》,承运人应当(　　)。旅客对承运人为安全运输所作的合理安排应当积极协助和配合。

　　A.严格履行安全运输义务

　　B.充分行使安全生产权利

　　C.及时告知旅客安全运输应当注意的事项

　　D.及时告知驾驶员安全运输应当注意的事项

**正确答案:AC**

【试题解析】

《中华人民共和国民法典》第八百一十九条中有关承运人义务的规定与选项相对应:

"第八百一十九条　承运人应当严格履行安全运输义务,及时告知旅客安全运输应当注意的事项。旅客对承运人为安全运输所作的合理安排应当积极协助和配合。"

从上述规定看,A、C 选项均在条文规定内,因此是正确的;《中华人民共和国民法典》是规定平等主体之间权利与义务的,因此本条是规定承运人对乘客的安全义务,B 选项和 D 选项是企业内部法律关系,不是民法典的范围,因此是错误的。

192.依据《中华人民共和国职业病防治法》,职业病是指企业、事业单位和个体经济组织等用人单位的劳动者在职业活动中,因接触(　　)和其他有毒、有害因素而引起的疾病。

　　A.粉尘　　　　B.放射性物质　　　　C.灰尘　　　　D.高压

**正确答案:AB**

【试题解析】

《中华人民共和国职业病防治法》第二条中有关职业病定义的规定与选项相对应:

"第二条　……

"本法所称职业病,是指企业、事业单位和个体经济组织等用人单位的劳动者在职业活动中,因接触粉尘、放射性物质和其他有毒、有害因素而引起的疾病。

"……"

从上述规定看,A、B 选项均在条文规定内,因此是正确的;C、D 选项均不是法定的因素,因此是错误的。

193.依据《中华人民共和国职业病防治法》,职业病防治工作坚持(　　)的方针,建立用人单位负责、行政机关监管、行业自律、职工参与和社会监督的机制,实行分类管理、综合治理。

　　A.处置优先　　B.预防为主　　　　C.防治结合　　　　D.防患未然

**正确答案:BC**

【试题解析】

《中华人民共和国职业病防治法》第三条中有关职业病防治工作方针的规定与选项相

对应:

"第三条 职业病防治工作坚持预防为主、防治结合的方针,建立用人单位负责、行政机关监管、行业自律、职工参与和社会监督的机制,实行分类管理、综合治理。"

从上述规定看,B、C选项均在条文规定内,因此是正确的;A、D选项不是职业病防治法第三条规定的基本原则,因此是错误的。

194.依据《中华人民共和国劳动法》,关于职业培训的相关规定,以下表述正确的是(    )。

  A.从事技术工种的劳动者,上岗前可以视情况参加培训

  B.各级人民政府应当把发展职业培训纳入社会经济发展的规划,鼓励和支持有条件的企业、事业组织、社会团体和个人进行各种形式的职业培训

  C.用人单位应当建立职业培训制度,按照国家规定提取和使用职业培训经费,根据本单位实际,有计划地对劳动者进行职业培训

  D.国家确定职业分类,并对规定的职业实行职业资格证书制度

**正确答案:BCD**

**【试题解析】**

《中华人民共和国劳动法》第六十七条、第六十八条、第六十九条有关职业培训的规定与选项相对应:

"第六十七条 各级人民政府应当把发展职业培训纳入社会经济发展的规划,鼓励和支持有条件的企业、事业组织、社会团体和个人进行各种形式的职业培训。"

"第六十八条 用人单位应当建立职业培训制度,按照国家规定提取和使用职业培训经费,根据本单位实际,有计划地对劳动者进行职业培训。从事技术工种的劳动者,上岗前必须经过培训。"

"……"

"第六十九条 国家确定职业分类,对规定的职业制定职业技能标准,实行职业资格证书制度,由经备案的考核鉴定机构负责对劳动者实施职业技能考核鉴定。"

从上述规定看,B、C、D选项均在条文规定内,因此是正确的。

根据第六十八条规定,从事技术工种的劳动者,上岗前必须经过培训,不是视情况参加培训,因此A选项是错误的。

195.依据《中华人民共和国劳动法》,下列说法正确的是(    )。

  A.用人单位的劳动安全设施和劳动卫生条件不符合国家规定或者未向劳动者提供必要的劳动防护用品和劳动保护设施的,由劳动行政部门或者有关部门责令改正,可以处以罚款

  B.情节严重的,提请县级以上人民政府决定责令停产整顿

  C.对事故隐患不采取措施,致使发生重大事故,造成劳动者生命和财产损失的,对责任人员依照刑法有关规定追究刑事责任

  D.上述都不正确

正确答案：ABC

【试题解析】

《中华人民共和国劳动法》第九十二条中有关用人单位违法行为法律责任的规定与选项相对应：

"第九十二条　用人单位的劳动安全设施和劳动卫生条件不符合国家规定或者未向劳动者提供必要的劳动防护用品和劳动保护设施的,由劳动行政部门或者有关部门责令改正,可以处以罚款;情节严重的,提请县级以上人民政府决定责令停产整顿;对事故隐患不采取措施,致使发生重大事故,造成劳动者生命和财产损失的,对责任人员依照刑法有关规定追究刑事责任。"

从上述规定看,A、B、C选项均在条文规定内,因此是正确的;D选项将A、B、C选项全部否定,不符合法律规定,因此是错误的。

196. 依据《中华人民共和国劳动法》,用人单位制定的劳动规章制度违反法律、法规规定的,由劳动行政部门(　　);对劳动者造成损害的,应当承担赔偿责任。

　　A. 罚款　　　　　　B. 给予警告　　　　　　C. 责令改正　　　　　　D. 予以关闭

正确答案：BC

【试题解析】

《中华人民共和国劳动法》第八十九条中有关用人单位违法行为法律责任的规定与选项相对应：

"第八十九条　用人单位制定的劳动规章制度违反法律、法规规定的,由劳动行政部门给予警告,责令改正;对劳动者造成损害的,应当承担赔偿责任。"

从上述规定看,B、C选项在条文规定内,因此是正确的;该条中没有罚款、关闭行政处罚,因此A、D选项是错误的。

197. 依据《中华人民共和国治安管理处罚法》,有下列行为之一的,处警告或者二百元以下罚款;情节较重的,处五日以上十日以下拘留,可以并处五百元以下罚款。(　　　)

　　A. 扰乱公共汽车、电车、火车、船舶、航空器或者其他公共交通工具上的秩序的

　　B. 扰乱车站、港口、码头、机场、商场、公园、展览馆或者其他公共场所秩序的

　　C. 非法拦截或者强登、扒乘机动车、船舶、航空器以及其他交通工具,影响交通工具正常行驶的

　　D. 扰乱机关、团体、企业、事业单位秩序,致使工作、生产、营业、医疗、教学、科研不能正常进行,尚未造成严重损失的

正确答案：ABCD

【试题解析】

《中华人民共和国治安管理处罚法》第二十三条中有关违法行为法律责任的规定与选项相对应：

"第二十三条　有下列行为之一的,处警告或者二百元以下罚款;情节较重的,处五日以

上十日以下拘留,可以并处五百元以下罚款:

"(一)扰乱机关、团体、企业、事业单位秩序,致使工作、生产、营业、医疗、教学、科研不能正常进行,尚未造成严重损失的;

"(二)扰乱车站、港口、码头、机场、商场、公园、展览馆或者其他公共场所秩序的;

"(三)扰乱公共汽车、电车、火车、船舶、航空器或者其他公共交通工具上的秩序的;

"(四)非法拦截或者强登、扒乘机动车、船舶、航空器以及其他交通工具,影响交通工具正常行驶的;

"(五)破坏依法进行的选举秩序的。

"聚众实施前款行为的,对首要分子处十日以上十五日以下拘留,可以并处一千元以下罚款。"

从上述规定看,A、B、C、D选项均在条文规定内,因此是正确的。

198.依据《生产安全事故报告和调查处理条例》,事故发生单位主要负责人有下列行为之一的,处上一年年收入40%至80%的罚款;属于国家工作人员的,并依法给予处分;构成犯罪的,依法追究刑事责任(　　)。

A.不立即组织事故抢救的

B.不总结经验教训的

C.迟报或者漏报事故的

D.在事故调查处理期间擅离职守的

E.未能亲自到现场指挥救援的

**正确答案:ACD**

**【试题解析】**

《生产安全事故报告和调查处理条例》第三十五条中有关事故发生单位主要负责人违法行为法律责任的规定与选项相对应:

"第三十五条　事故发生单位主要负责人有下列行为之一的,处上一年年收入40%至80%的罚款;属于国家工作人员的,并依法给予处分;构成犯罪的,依法追究刑事责任:

"(一)不立即组织事故抢救的;

"(二)迟报或者漏报事故的;

"(三)在事故调查处理期间擅离职守的。"

从上述规定看,A、C、D选项均在条文规定内,因此是正确的;不总结经验教训、未能亲自到现场指挥救援,不是本条法定的行政处罚情形,因此B、E选项是错误的。

199.依据《生产安全事故应急条例》,发生生产安全事故后,生产经营单位应当立即启动生产安全事故应急救援预案,应当采取的应急救援措施包括(　　)。

A.迅速控制危险源

B.及时通知可能受到事故影响的单位和人员

C.采取必要措施,防止事故危害扩大和次生、衍生灾害发生

D.根据事故危害程度,组织现场人员撤离或者采取可能的应急措施后撤离

E.组织抢救遇险人员

**正确答案:ABCDE**

**【试题解析】**

《生产安全事故应急条例》第十七条中有关发生生产安全事故后,生产经营单位应采取的应急救援措施的规定与选项相对应:

"第十七条　发生生产安全事故后,生产经营单位应当立即启动生产安全事故应急救援预案,采取下列一项或者多项应急救援措施,并按照国家有关规定报告事故情况:

"(一)迅速控制危险源,组织抢救遇险人员;

"(二)根据事故危害程度,组织现场人员撤离或者采取可能的应急措施后撤离;

"(三)及时通知可能受到事故影响的单位和人员;

"(四)采取必要措施,防止事故危害扩大和次生、衍生灾害发生;

"(五)根据需要请求邻近的应急救援队伍参加救援,并向参加救援的应急救援队伍提供相关技术资料、信息和处置方法;

"(六)维护事故现场秩序,保护事故现场和相关证据;

"(七)法律、法规规定的其他应急救援措施。"

从上述规定看,A、B、C、D、E选项均在条文规定内,因此是正确的。

200.依据《生产安全事故应急条例》,有下列情形之一的,生产安全事故应急救援预案制定单位应当及时修订相关预案(　　)。

A.制定预案所依据的法律、法规、规章、标准发生重大变化

B.应急指挥机构及其职责发生调整

C.安全生产面临的风险发生重大变化

D.重要应急资源发生重大变化

E.在预案演练或者应急救援中发现需要修订预案的重大问题

**正确答案:ABCDE**

**【试题解析】**

《生产安全事故应急条例》第六条中有关生产安全事故应急救援预案制修订要求的规定与选项相对应:

"第六条　生产安全事故应急救援预案应当符合有关法律、法规、规章和标准的规定,具有科学性、针对性和可操作性,明确规定应急组织体系、职责分工以及应急救援程序和措施。

"有下列情形之一的,生产安全事故应急救援预案制定单位应当及时修订相关预案:

"(一)制定预案所依据的法律、法规、规章、标准发生重大变化;

"(二)应急指挥机构及其职责发生调整;

"(三)安全生产面临的风险发生重大变化;

"(四)重要应急资源发生重大变化;

"(五)在预案演练或者应急救援中发现需要修订预案的重大问题;

"(六)其他应当修订的情形。"

从上述规定看,A、B、C、D、E选项均在条文规定内,因此是正确的。

201.依据《生产安全事故应急条例》,下列单位应当建立应急值班制度,配备应急值班人员( )。

    A.县级以上人民政府及其负有安全生产监督管理职责的部门

    B.危险物品的生产、经营、储存、运输单位

    C.应急救援队伍

    D.矿山、金属冶炼、城市轨道交通运营、建筑施工单位

**正确答案:ABCD**

**【试题解析】**

《生产安全事故应急条例》第十四条中有关应急值班制度、配备应急值班人员主体的规定与选项相对应:

"第十四条 下列单位应当建立应急值班制度,配备应急值班人员:

"(一)县级以上人民政府及其负有安全生产监督管理职责的部门;

"(二)危险物品的生产、经营、储存、运输单位以及矿山、金属冶炼、城市轨道交通运营、建筑施工单位;

"(三)应急救援队伍。

"规模较大、危险性较高的易燃易爆物品、危险化学品等危险物品的生产、经营、储存、运输单位应当成立应急处置技术组,实行24小时应急值班。"

从上述规定看,A、B、C、D选项均在条文规定内,因此是正确的。

202.依据《生产安全事故应急条例》,生产经营单位有下列情形时,由县级以上人民政府负有安全生产监督管理职责的部门依照《中华人民共和国安全生产法》有关规定追究法律责任( )。

    A.未制定生产安全事故应急救援预案

    B.未定期组织应急救援预案演练

    C.未对从业人员进行应急教育和培训

    D.生产经营单位的主要负责人在本单位发生安全事故时不立即组织抢救

**正确答案:ABCD**

**【试题解析】**

《生产安全事故应急条例》第三十条中有关生产经营单位违法行为法律责任的规定与选项相对应:

"第三十条 生产经营单位未制定生产安全事故应急救援预案、未定期组织应急救援预案演练、未对从业人员进行应急教育和培训,生产经营单位的主要负责人在本单位发生生产安全事故时不立即组织抢救的,由县级以上人民政府负有安全生产监督管理职责的部门依

照《中华人民共和国安全生产法》有关规定追究法律责任。"

从上述规定看,A、B、C、D选项均在条文规定内,因此是正确的。

203.《中共中央　国务院关于推进安全生产领域改革发展的意见》中明确指出,安全生产的基本方针是(　　),加强领导、改革创新,协调联动、齐抓共管。

A.安全第一　　　　B.预防为主　　　　C.综合治理　　　　D.源头防范

**正确答案:ABC**

【试题解析】

《中共中央　国务院关于推进安全生产领域改革发展的意见》第一条"总体要求"中第一款"指导思想"中有关推进安全生产领域改革发展的指导思想的规定与选项相对应:

"(一)指导思想提出。全面贯彻党的十八大和十八届三中、四中、五中、六中全会精神,以邓小平理论、'三个代表'重要思想、科学发展观为指导,深入贯彻习近平总书记系列重要讲话精神和治国理政新理念新思想新战略,进一步增强'四个意识',紧紧围绕统筹推进'五位一体'总体布局和协调推进'四个全面'战略布局,牢固树立新发展理念,坚持安全发展,坚守发展决不能以牺牲安全为代价这条不可逾越的红线,以防范遏制重特大生产安全事故为重点,坚持安全第一、预防为主、综合治理的方针,加强领导、改革创新,协调联动、齐抓共管,着力强化企业安全生产主体责任,着力堵塞监督管理漏洞,着力解决不遵守法律法规的问题,依靠严密的责任体系、严格的法治措施、有效的体制机制、有力的基础保障和完善的系统治理,切实增强安全防范治理能力,大力提升我国安全生产整体水平,确保人民群众安康幸福、共享改革发展和社会文明进步成果。"

从上述规定看,A、B、C选项均在前述指导思想中,因此是正确的;源头防范提法正确,但未列入指导思想中,因此是错误的。

204.依据《中共中央　国务院关于推进安全生产领域改革发展的意见》,以下关于企业安全生产说法正确的是(　　)。

A.企业对本单位安全生产和职业健康工作负全面责任,要严格履行安全生产法定责任,建立健全自我约束、持续改进的内生机制

B.建立企业全过程安全生产和职业健康管理制度,做到安全责任、管理、投入、培训和应急救援"五到位"

C.落实企业安全生产责任制度,安全管理人员为安全生产第一责任人,主要技术负责人负有安全生产技术决策和指挥权

D.国有企业要发挥安全生产工作示范带头作用,自觉接受属地监管

**正确答案:ABD**

【试题解析】

《中共中央　国务院关于推进安全生产领域改革发展的意见》第二条"健全落实安全生产责任制"第六款"严格落实企业主体责任"中有关企业主体责任落实的规定与选项相对应:

"(六)严格落实企业主体责任。企业对本单位安全生产和职业健康工作负全面责任,要严格履行安全生产法定责任,建立健全自我约束、持续改进的内生机制。企业实行全员安全生产责任制度,法定代表人和实际控制人同为安全生产第一责任人,主要技术负责人负有安全生产技术决策和指挥权,强化部门安全生产职责,落实一岗双责。完善落实混合所有制企业以及跨地区、多层级和境外中资企业投资主体的安全生产责任。建立企业全过程安全生产和职业健康管理制度,做到安全责任、管理、投入、培训和应急救援'五到位'。国有企业要发挥安全生产工作示范带头作用,自觉接受属地监管。"

从上述规定看,A、B、D选项均在前述企业主体责任中,因此是正确的;安全管理人员是企业内部安全管理人员,不是第一责任人,因此C选项是错误的。

205.依据《生产安全事故应急预案管理办法》,易燃易爆物品、危险化学品等危险物品的生产、经营、储存、运输单位,矿山、金属冶炼、城市轨道交通运营、建筑施工单位,以及宾馆、商场、娱乐场所、旅游景区等人员密集场所经营单位,应当在应急预案公布之日起20个工作日内,按照分级属地原则,向(      )进行备案,并依法向社会公布。

    A.县级以上人民政府应急管理部门      B.县级以上人民政府
    C.国务院主管部门                    D.负有安全生产监督管理职责的部门
    E.各级人民政府

**正确答案:AD**

【试题解析】

《生产安全事故应急预案管理办法》第二十六条中有关生产经营单位备案、公布的规定与选项相对应:

"第二十六条  易燃易爆物品、危险化学品等危险物品的生产、经营、储存、运输单位,矿山、金属冶炼、城市轨道交通运营、建筑施工单位,以及宾馆、商场、娱乐场所、旅游景区等人员密集场所经营单位,应当在应急预案公布之日起20个工作日内,按照分级属地原则,向县级以上人民政府应急管理部门和其他负有安全生产监督管理职责的部门进行备案,并依法向社会公布。

"……"

从上述规定看,A、D选项在条文规定内,因此是正确的;《生产安全事故应急预案管理办法》是国务院应急管理主管部门发布的,根据立法法授予的权限,其不能规定各级人民政府、县级以上人民政府、国务院主管部门职责,因此B、C、E选项是错误的。

206.依据《生产安全事故应急预案管理办法》,生产经营单位有下列情形之一的,由县级以上人民政府应急管理部门责令限期改正,可以处1万元以上3万元以下罚款(      )。

    A.在应急预案编制前未按照规定开展风险辨识、评估和应急资源调查的
    B.未按照规定开展应急预案评审的
    C.事故风险可能影响周边单位、人员的,未将事故风险的性质、影响范围和应急防范措施告知周边单位和人员的

　　D.未按照规定开展应急预案评估的

　　E.未落实应急预案规定的应急物资及装备的

**正确答案:ABCDE**

**【试题解析】**

《生产安全事故应急预案管理办法》第四十五条中有关生产经营单位违法行为法律责任的规定与选项相对应:

"第四十五条　生产经营单位有下列情形之一的,由县级以上人民政府应急管理部门责令限期改正,可以处1万元以上3万元以下罚款:

"(一)在应急预案编制前未按照规定开展风险辨识、评估和应急资源调查的;

"(二)未按照规定开展应急预案评审的;

"(三)事故风险可能影响周边单位、人员的,未将事故风险的性质、影响范围和应急防范措施告知周边单位和人员的;

"(四)未按照规定开展应急预案评估的;

"(五)未按照规定进行应急预案修订的;

"(六)未落实应急预案规定的应急物资及装备的。

"……"

从上述规定看,A、B、C、D、E选项均在条文规定内,因此是正确的。

207.依据《生产安全事故应急预案管理办法》,应急预案的评审或者论证应当注重( )等内容。

　　A.基本要素的完整性

　　B.组织体系的合理性

　　C.应急处置程序和措施的针对性

　　D.应急保障措施的可行性

　　E.应急预案的衔接性

**正确答案:ABCDE**

**【试题解析】**

《生产安全事故应急预案管理办法》第二十三条中有关应急预案的评审或者论证的规定与选项相对应:

"第二十三条　应急预案的评审或者论证应当注重基本要素的完整性、组织体系的合理性、应急处置程序和措施的针对性、应急保障措施的可行性、应急预案的衔接性等内容。"

从上述规定看,A、B、C、D、E选项均在条文规定内,因此是正确的。

208.依据《交通运输突发事件应急管理规定》,应急专项资金和经费主要用于( )等。

　　A.应急预案编制及修订

　　B.应急培训演练

　　C.应急装备和队伍建设

D. 日常应急管理、应急宣传以及应急处置措施

**正确答案:ABCD**

**【试题解析】**

《交通运输突发事件应急管理规定》第二十三条中有关应急专项资金和经费的规定与选项相对应:

"第二十三条　交通运输主管部门应当根据本级人民政府财政预算情况,编列应急资金年度预算,设立突发事件应急工作专项资金。

"交通运输企业应当安排应急专项经费,保障交通运输突发事件应急工作的需要。

"应急专项资金和经费主要用于应急预案编制及修订、应急培训演练、应急装备和队伍建设、日常应急管理、应急宣传以及应急处置措施等。"

从上述规定看,A、B、C、D选项均在条文规定内,因此是正确的。

209.依据《交通运输突发事件应急管理规定》,交通运输企业应当加强对本单位(　　)的日常管理,保证应急处置工作及时、有效开展。

A.应急设备　　　B.应急设施　　　C.应急队伍　　　D.工作经费

**正确答案:ABC**

**【试题解析】**

《交通运输突发事件应急管理规定》第三十七条中有关交通运输企业应急处置义务的规定与选项相对应:

"第三十七条　交通运输企业应当加强对本单位应急设备、设施、队伍的日常管理,保证应急处置工作及时、有效开展。交通运输突发事件应急处置过程中,交通运输企业应当接受交通运输主管部门的组织、调度和指挥。"

从上述规定看,A、B、C选项均在条文规定内,因此是正确的;D选项不是本条规定的责任,因此是错误的。

210.依据《交通运输突发事件应急管理规定》,交通运输突发事件应急处置过程中,交通运输企业应当接受交通运输主管部门的(　　)。

A.检查　　　　B.组织　　　　C.调度　　　　D.指挥

**正确答案:BCD**

**【试题解析】**

《交通运输突发事件应急管理规定》第三十七条中有关交通运输企业应急处置义务的规定与选项相对应:

"第三十七条　交通运输企业应当加强对本单位应急设备、设施、队伍的日常管理,保证应急处置工作及时、有效开展。交通运输突发事件应急处置过程中,交通运输企业应当接受交通运输主管部门的组织、调度和指挥。"

从上述规定看,B、C、D选项均在条文规定内,因此是正确的;日常管理中已经包括了检查,因此A选项是错误的。

**211.** 依据《企业安全生产费用提取和使用管理办法》,交通运输企业安全费用使用范围包括(　　)。

A. 完善、改造和维护安全防护设施设备支出

B. 购置具有行驶记录功能车辆的支出

C. 应急演练支出

D. 安全设施及特种设备检测检验支出

**正确答案:ACD**

【试题解析】

《企业安全生产费用提取和使用管理办法》第二十五条中有关交通运输企业安全生产费用支出范围的规定与选项相对应:

"第二十五条　交通运输企业安全生产费用应当用于以下支出:

"(一)完善、改造和维护安全防护设施设备支出(不含"三同时"要求初期投入的安全设施),包括道路、水路、铁路、城市轨道交通、管道运输设施设备和装卸工具安全状况检测及维护系统、运输设施设备和装卸工具附属安全设备等支出;

"(二)购置、安装和使用具有行驶记录功能的车辆卫星定位装置、视频监控装置、船舶通信导航定位和自动识别系统、电子海图等支出;

"(三)铁路和城市轨道交通防灾监测预警设备及铁路周界入侵报警系统、铁路危险品运输安全监测设备支出;

"(四)配备、维护、保养应急救援器材、设备支出和应急救援队伍建设、应急预案制修订与应急演练支出;

"(五)开展重大危险源检测、评估、监控支出,安全风险分级管控和事故隐患排查整改支出,安全生产信息化、智能化建设、运维和网络安全支出;

"(六)安全生产检查、评估评价(不含新建、改建、扩建项目安全评价)、咨询和标准化建设支出;

"(七)配备和更新现场作业人员安全防护用品支出;

"(八)安全生产宣传、教育、培训和从业人员发现并报告事故隐患的奖励支出;

"(九)安全生产适用的新技术、新标准、新工艺、新装备的推广应用支出;

"(十)安全设施及特种设备检测检验、检定校准、铁路和城市轨道交通基础设备安全检测支出;

"(十一)安全生产责任保险及承运人责任保险支出;

"(十二)与安全生产直接相关的其他支出。"

从上述规定看,A、C、D 选项均在条文规定内,因此是正确的;购置具有行驶记录功能车辆的支出,超出该条(二)项:"购置、安装和使用具有行驶记录功能的车辆卫星定位装置、视频监控装置、船舶通信导航定位和自动识别系统、电子海图等支出;"因此 B 选项是错误的。

212.依据《企业安全生产费用提取和使用管理办法》,下列属于安全生产专项资金使用范围的是( )。

    A.完善、改造、维护安全运营设施和设备支出

    B.配备、维护、保养应急救援器材、设备和开展应急演练支出

    C.开展安全风险管控和事故隐患排查、评估、监控和整改支出

    D.员工工伤保险支出

**正确答案:ABC**

**【试题解析】**

《企业安全生产费用提取和使用管理办法》第二十五条中有关交通运输企业安全生产专项资金使用范围的规定与选项相对应:

"第二十五条　交通运输企业安全生产费用应当用于以下支出:

"(一)完善、改造和维护安全防护设施设备支出(不含"三同时"要求初期投入的安全设施),包括道路、水路、铁路、城市轨道交通、管道运输设施设备和装卸工具安全状况检测及维护系统、运输设施设备和装卸工具附属安全设备等支出;

"(二)购置、安装和使用具有行驶记录功能的车辆卫星定位装置、视频监控装置、船舶通信导航定位和自动识别系统、电子海图等支出;

"(三)铁路和城市轨道交通防灾监测预警设备及铁路周界入侵报警系统、铁路危险品运输安全监测设备支出;

"(四)配备、维护、保养应急救援器材、设备支出和应急救援队伍建设、应急预案制修订与应急演练支出;

"(五)开展重大危险源检测、评估、监控支出,安全风险分级管控和事故隐患排查整改支出,安全生产信息化、智能化建设、运维和网络安全支出;

"(六)安全生产检查、评估评价(不含新建、改建、扩建项目安全评价)、咨询和标准化建设支出;

"(七)配备和更新现场作业人员安全防护用品支出;

"(八)安全生产宣传、教育、培训和从业人员发现并报告事故隐患的奖励支出;

"(九)安全生产适用的新技术、新标准、新工艺、新装备的推广应用支出;

"(十)安全设施及特种设备检测检验、检定校准、铁路和城市轨道交通基础设备安全检测支出;

"(十一)安全生产责任保险及承运人责任保险支出;

"(十二)与安全生产直接相关的其他支出。"

从上述规定看,A、B、C选项均在条文规定内,因此是正确的;员工工伤保险费用是劳动保险,超出《企业安全生产费用提取和使用管理办法》第二十五条规定支出范围,因此D选项是错误的。

213.依据《机关、团体、企业、事业单位消防安全管理规定》,单位的消防安全责任人应当

履行的消防安全职责包括(　　)。

　　A.贯彻执行消防法规,保障单位消防安全符合规定,掌握本单位的消防安全情况

　　B.将消防工作与本单位的生产、科研、经营、管理等活动统筹安排,批准实施年度消防工作计划

　　C.为本单位的消防安全提供必要的经费和组织保障

　　D.确定逐级消防安全责任,批准实施消防安全制度和保障消防安全的操作规程

　　E.组织防火检查,督促落实火灾隐患整改,及时处理涉及消防安全的重大问题

**正确答案:ABCDE**

**【试题解析】**

《机关、团体、企业、事业单位消防安全管理规定》第六条中有关单位的消防安全责任人的消防安全职责的规定与选项相对应:

"第六条　单位的消防安全责任人应当履行下列消防安全职责:

"(一)贯彻执行消防法规,保障单位消防安全符合规定,掌握本单位的消防安全情况;

"(二)将消防工作与本单位的生产、科研、经营、管理等活动统筹安排,批准实施年度消防工作计划;

"(三)为本单位的消防安全提供必要的经费和组织保障;

"(四)确定逐级消防安全责任,批准实施消防安全制度和保障消防安全的操作规程;

"(五)组织防火检查,督促落实火灾隐患整改,及时处理涉及消防安全的重大问题;

"(六)根据消防法规的规定建立专职消防队、义务消防队;

"(七)组织制定符合本单位实际的灭火和应急疏散预案,并实施演练。"

从上述规定看,A、B、C、D、E选项均在条文规定内,因此是正确的。

214.依据《机关、团体、企业、事业单位消防安全管理规定》,单位可以根据需要确定本单位的消防安全管理人。消防安全管理人对单位的消防安全责任人负责,实施和组织落实下列消防安全管理工作:(　　)。

　　A.拟订年度消防工作计划,组织实施日常消防安全管理工作

　　B.组织制订消防安全制度和保障消防安全的操作规程并检查督促其落实

　　C.拟订消防安全工作的资金投入和组织保障方案

　　D.组织实施防火检查和火灾隐患整改工作

　　E.组织实施对本单位消防设施、灭火器材和消防安全标志的维护保养,确保其完好有效,确保疏散通道和安全出口畅通

**正确答案:ABCDE**

**【试题解析】**

《机关、团体、企业、事业单位消防安全管理规定》第七条中有关消防安全管理人职责的规定与选项相对应:

"第七条　单位可以根据需要确定本单位的消防安全管理人。消防安全管理人对单位

的消防安全责任人负责,实施和组织落实下列消防安全管理工作:

"(一)拟订年度消防工作计划,组织实施日常消防安全管理工作;

"(二)组织制订消防安全制度和保障消防安全的操作规程并检查督促其落实;

"(三)拟订消防安全工作的资金投入和组织保障方案;

"(四)组织实施防火检查和火灾隐患整改工作;

"(五)组织实施对本单位消防设施、灭火器材和消防安全标志的维护保养,确保其完好有效,确保疏散通道和安全出口畅通;

"(六)组织管理专职消防队和义务消防队;

"(七)在员工中组织开展消防知识、技能的宣传教育和培训,组织灭火和应急疏散预案的实施和演练;

"(八)单位消防安全责任人委托的其他消防安全管理工作。

"消防安全管理人应当定期向消防安全责任人报告消防安全情况,及时报告涉及消防安全的重大问题。未确定消防安全管理人的单位,前款规定的消防安全管理工作由单位消防安全责任人负责实施。"

从上述规定看,A、B、C、D、E选项均在条文规定内,因此是正确的。

215. 根据《交通运输企业安全生产标准化建设基本规范 第1部分:总体要求》,安全生产标准化的建设,应以( )为基础。

A. 风险管理 B. 隐患排查治理

C. 生产工作 D. 职业病危害防治

**正确答案:ABD**

**【试题解析】**

《交通运输企业安全生产标准化建设基本规范 第1部分:总体要求》(JT/T 1180.1—2018)第4条基本要求下的4.1.2中有关安全生产标准化的建设的规定与选项相对应:

"4.1.2 安全生产标准化的建设应以风险管理、隐患排查治理、职业病危害防治为基础,以安全生产责任制为核心,树立任何事故都可以预防的理念,与企业其他方面的管理有机地结合起来,注重科学性、规范性和系统性。"

从上述规定看,A、B、D选项在条文规定中,因此是正确的;生产工作的内涵包括了安全生产标准化的建设,因此C选项是错误的。

216. 根据《交通运输企业安全生产标准化建设基本规范 第1部分:总体要求》,企业应结合实际制定安全生产目标。安全生产目标应( )。

A. 符合或严于相关法律法规的要求

B. 形成文件,并得到本企业所有人员的贯彻和实施

C. 与企业的职业安全健康风险相适应

D. 具有可考核性,体现企业持续改进的承诺

E. 便于企业员工及相关方获得

正确答案：ABCDE

【试题解析】

《交通运输企业安全生产标准化建设基本规范　第1部分：总体要求》（JT/T 1180.1—2018）第5条通用要求下的5.1.1中有关企业的安全生产目标要求的规定与选项相对应：

"5.1.1 企业应结合实际制定安全生产目标。安全生产目标应：

"——符合或严于相关法律法规的要求；

"——形成文件，并得到本企业所有从业人员的贯彻和实施；

"——与企业的职业安全健康风险相适应；

"——具有可考核性，体现企业持续改进的承诺；

"——便于企业员工及相关方获得。"

从上述规定看，A、B、C、D、E选项均在条文规定中，因此是正确的。

217. 依据《中华人民共和国安全生产法》，属于安全生产管理方针的是（　　）。

　　A. 安全第一　　　　B. 预防为主　　　　C. 统筹治理　　　　D. 综合治理

正确答案：ABD

【试题解析】

《中华人民共和国安全生产法》第三条是关于安全生产工作指导思想、方针、原则和机制的规定。

"第三条　安全生产工作坚持中国共产党的领导。

安全生产工作应当以人为本，坚持人民至上、生命至上，把保护人民生命安全摆在首位，树牢安全发展理念，坚持安全第一、预防为主、综合治理的方针，从源头上防范化解重大安全风险。

"……"

A、B、D选项均为安全生产管理方针，因此是正确的。

218. 依据《中华人民共和国安全生产法》，城市客运企业负责人对本单位的安全生产工作全面负责，其具体职责包括（　　）。

　　　　A. 建立、健全本单位安全生产责任制，组织制定本单位安全生产规章制度和操作规程

　　　　B. 组织制定并实施本单位安全生产教育和培训计划，保证本单位安全生产投入的有效实施

　　　　C. 组织或者参与本单位安全生产教育和培训，视情记录安全生产教育和培训情况

　　　　D. 督促、检查本单位的安全生产工作，及时消除生产安全事故隐患

　　　　E. 组织制定并实施本单位的生产安全事故应急救援预案，及时、如实报告生产安全事故

正确答案：ABDE

【试题解析】

《中华人民共和国安全生产法》第二十一条是关于生产经营单位主要负责人对本单位安

全生产工作所负职责的规定,也是主要负责人对本单位安全生产工作全面负责的具体要求。

"第二十一条　生产经营单位的主要负责人对本单位安全生产工作负有下列职责:

"(一)建立健全并落实本单位全员安全生产责任制,加强安全生产标准化建设;

"(二)组织制定并实施本单位安全生产规章制度和操作规程;

"(三)组织制定并实施本单位安全生产教育和培训计划;

"(四)保证本单位安全生产投入的有效实施;

"(五)组织建立并落实安全风险分级管控和隐患排查治理双重预防工作机制,督促、检查本单位的安全生产工作,及时消除生产安全事故隐患;

"(六)组织制定并实施本单位的生产安全事故应急救援预案;

"(七)及时、如实报告生产安全事故。"

从上述规定看,A、B、D、E 选项均在条文规定内,因此是正确的;C 选项为生产经营单位的安全生产管理机构以及安全生产管理人员职责,不是企业负责人职责,因此 C 选项是错误的。

219. 依据《中华人民共和国安全生产法》,下列属于生产经营单位的主要负责人对本单位安全生产工作职责的是(　　)。

A. 建立健全并落实本单位全员安全生产责任制,加强安全生产标准化建设

B. 组织制定并实施本单位安全生产规章制度和操作规程

C. 组织制定并实施本单位安全生产教育和培训计划

D. 保证本单位安全生产投入的有效实施

E. 组织建立并落实安全风险分级管控和隐患排查治理双重预防工作机制,督促、检查本单位的安全生产工作,及时消除生产安全事故隐患

**正确答案:ABCDE**

【试题解析】

《中华人民共和国安全生产法》第二十一条是关于生产经营单位主要负责人对本单位安全生产工作所负职责的规定,也是主要负责人对本单位安全生产工作全面负责的具体要求。

"第二十一条　生产经营单位的主要负责人对本单位安全生产工作负有下列职责:

"(一)建立健全并落实本单位全员安全生产责任制,加强安全生产标准化建设;

"(二)组织制定并实施本单位安全生产规章制度和操作规程;

"(三)组织制定并实施本单位安全生产教育和培训计划;

"(四)保证本单位安全生产投入的有效实施;

"(五)组织建立并落实安全风险分级管控和隐患排查治理双重预防工作机制,督促、检查本单位的安全生产工作,及时消除生产安全事故隐患;

"(六)组织制定并实施本单位的生产安全事故应急救援预案;

"(七)及时、如实报告生产安全事故。"

从上述规定看,A、B、C、D、E 选项均在条文规定内,因此是正确的。

220. 依据《中华人民共和国安全生产法》,生产经营单位的安全生产管理机构以及安全

生产管理人员,应当履行下列职责:(　　)。

　　A.组织或者参与拟订本单位安全生产规章制度、操作规程和生产安全事故应急救援预案

　　B.组织或者参与本单位安全生产教育和培训,如实记录安全生产教育和培训情况

　　C.组织开展危险源辨识和评估,督促落实本单位重大危险源的安全管理措施

　　D.组织或者参与本单位应急救援演练

　　E.检查本单位的安全生产状况,及时排查生产安全事故隐患,提出改进安全生产管理的建议

**正确答案:ABCDE**

**【试题解析】**

《中华人民共和国安全生产法》第二十五条是关于生产经营单位的安全生产管理机构以及安全生产管理人员对本单位安全生产工作所负职责的规定。

"第二十五条　生产经营单位的安全生产管理机构以及安全生产管理人员履行下列职责:

"(一)组织或者参与拟订本单位安全生产规章制度、操作规程和生产安全事故应急救援预案;

"(二)组织或者参与本单位安全生产教育和培训,如实记录安全生产教育和培训情况;

"(三)组织开展危险源辨识和评估,督促落实本单位重大危险源的安全管理措施;

"(四)组织或者参与本单位应急救援演练;

"(五)检查本单位的安全生产状况,及时排查生产安全事故隐患,提出改进安全生产管理的建议;

"(六)制止和纠正违章指挥、强令冒险作业、违反操作规程的行为;

"(七)督促落实本单位安全生产整改措施。

"生产经营单位可以设置专职安全生产分管负责人,协助本单位主要负责人履行安全生产管理职责。"

从上述条文规定看,A、B、C、D、E选项均在条文规定内,因此是正确的。

221.依据《中华人民共和国安全生产法》,以下表述正确的有(　　)。

　　A.生产经营单位发生生产安全事故后,事故现场有关人员应当立即报告本单位负责人

　　B.单位负责人接到事故报告后,应当迅速采取有效措施,组织抢救,防止事故扩大,减少人员伤亡和财产损失

　　C.危险物品的生产、经营、储存、运输单位以及城市轨道交通运营单位应当建立应急救援组织

　　D.生产经营单位应当制定本单位生产安全事故应急救援预案,并定期组织演练

　　E.生产经营单位发生生产安全事故后,事故现场有关人员应当等待主要负责人到达后再组织实施抢救

正确答案：ABCD

【试题解析】

《中华人民共和国安全生产法》第八十一条明确规定了生产经营单位应制定应急预案并定期组织演练。第八十二条明确规定了危险物品的生产、经营、储存、运输单位应当建立应急救援组织。第八十三条明确规定了生产经营单位发生生产安全事故后应进行的活动。

"第八十一条 生产经营单位应当制定本单位生产安全事故应急救援预案，与所在地县级以上地方人民政府组织制定的生产安全事故应急救援预案相衔接，并定期组织演练。"

"第八十二条 危险物品的生产、经营、储存单位以及矿山、金属冶炼、城市轨道交通运营、建筑施工单位应当建立应急救援组织；生产经营规模较小的，可以不建立应急救援组织，但应当指定兼职的应急救援人员。"

"危险物品的生产、经营、储存、运输单位以及矿山、金属冶炼、城市轨道交通运营、建筑施工单位应当配备必要的应急救援器材、设备和物资，并进行经常性维护、保养，保证正常运转。"

"第八十三条 生产经营单位发生生产安全事故后，事故现场有关人员应当立即报告本单位负责人。

"单位负责人接到事故报告后，应当迅速采取有效措施，组织抢救，防止事故扩大，减少人员伤亡和财产损失，并按照国家有关规定立即如实报告当地负有安全生产监督管理职责的部门，不得隐瞒不报、谎报或者迟报，不得故意破坏事故现场、毁灭有关证据。"

根据条款原文，A、B、C、D选项均符合条文规定，E选项不正确。

222.依据《中华人民共和国安全生产法》，下列选项中，属于生产经营单位主要负责人对本单位安全生产工作职责的是（ ）。

  A.建立健全并落实本单位全员安全生产责任制

  B.组织制定并实施本单位安全生产规章制度和操作规程，安全生产教育和培训计划，生产安全事故应急救援预案

  C.保证本单位安全生产投入的有效实施，及时、如实报告生产安全事故

  D.组织建立并落实安全风险分级管控和隐患排查治理双重预防工作机制，督促、检查本单位的安全生产工作，及时消除生产安全事故隐患

正确答案：ABCD

【试题解析】

《中华人民共和国安全生产法》第二十一条是关于生产经营单位主要负责人对本单位安全生产工作所负职责的规定，也是主要负责人对本单位安全生产工作全面负责的具体要求。

"第二十一条 生产经营单位的主要负责人对本单位安全生产工作负有下列职责：

"（一）建立健全并落实本单位全员安全生产责任制，加强安全生产标准化建设；

"（二）组织制定并实施本单位安全生产规章制度和操作规程；

"（三）组织制定并实施本单位安全生产教育和培训计划；

"(四)保证本单位安全生产投入的有效实施;

"(五)组织建立并落实安全风险分级管控和隐患排查治理双重预防工作机制,督促、检查本单位的安全生产工作,及时消除生产安全事故隐患;

"(六)组织制定并实施本单位的生产安全事故应急救援预案;

"(七)及时、如实报告生产安全事故。"

从上述条文规定看,A、B、C、D 选项均在条文规定内,因此是正确的。

223. 依据《中华人民共和国安全生产法》,生产经营单位的安全生产责任制主要内容应当包括下列哪几个方面(　　)。

    A. 生产经营单位的主要负责人必须完成年度利润考核目标

    B. 各职能部门的人员,对自己业务范围内有关的安全生产负责

    C. 班组长、特种作业人员对其岗位的安全生产工作负责

    D. 所有从业人员对自己本职工作范围内的安全生产工作负责

    E. 各类安全责任的考核标准,以及奖惩措施

**正确答案:BCDE**

【试题解析】

《中华人民共和国安全生产法》第五条、第二十二条,对生产经营单位安全生产责任制所包含的内容进行了规定。

"第五条　生产经营单位的主要负责人是本单位安全生产第一责任人,对本单位的安全生产工作全面负责。其他负责人对职责范围内的安全生产工作负责。"

"第二十二条　生产经营单位的全员安全生产责任制应当明确各岗位的责任人员、责任范围和考核标准等内容。

"生产经营单位应当建立相应的机制,加强对全员安全生产责任制落实情况的监督考核,保证全员安全生产责任制的落实。"

依据上述条文分析,B、C、D、E 选项均符合条文的规定,因此是正确的;安全生产责任不包括完成年度利润考核目标,因此 A 选项是错误的。

224. 依据《中华人民共和国安全生产法》,关于企业安全生产责任制,下列表述正确的有(　　)。

    A. 安全生产责任制是企业岗位责任制的一个组成部分

    B. 安全生产责任制是企业中最基本的一项安全制度

    C. 企业利润是安全生产责任制的重要目标

    D. 安全生产责任制是企业安全生产、劳动保护管理制度的核心

**正确答案:ABD**

【试题解析】

《中华人民共和国安全生产法》中涉及安全生产责任制的规定如下。

"第四条　生产经营单位必须遵守本法和其他有关安全生产的法律、法规,加强安全生

产管理,建立、健全安全生产责任制和安全生产规章制度……

"……"

"第二十一条　生产经营单位的主要负责人对本单位安全生产工作负有下列职责:

"(一)建立、健全本单位安全生产责任制……

"……"

"第二十二条　生产经营单位的全员安全生产责任制应当明确各岗位的责任人员、责任范围和考核标准等内容。

"生产经营单位应当建立相应的机制,加强对全员安全生产责任制落实情况的监督考核,保证全员安全生产责任制的落实。"

综上所述,建立、健全安全生产责任制,是企业的法定职责。

根据上述条文分析,本题 A、B、D 选项正确,而安全生产责任制不是企业利润的根本保障,安全生产责任制是提高企业管理水平的必要条件,故 C、E 选项错误。

225. 根据《交通运输企业安全生产标准化建设基本规范　第 1 部分:总体要求》,城市客运企业应主动排查并及时消除车辆安全隐患,每月检查车内车辆应急装置和安全设施,确保技术状况良好,下列属于检查范围内应急装置和安全设施的是(　　)。

  A. 灭火器      B. 应急锤

  C. 安全带      D. 应急门、应急窗、安全顶窗

**正确答案:ABCD**

**【试题解析】**

《交通运输企业安全生产标准化建设基本规范　第 1 部分:总体要求》(JT/T 1180.1—2018) 5.8.1 对隐患排查提出了要求:隐患排查的范围应包括所有与生产经营相关的场所、人员、设备设施和活动。因此,所有与生产经营相关的设备设施均属于检查范围内,本题选 ABCD。

226. 依据《中华人民共和国安全生产法》,城市客运企业的安全生产管理机构以及安全生产管理人员,对本单位安全生产工作负有下列哪些职责(　　)。

  A. 组织或参与本单位安全生产教育和培训,如实记录安全生产教育和培训情况

  B. 组织或参与本单位应急救援演练

  C. 检查本单位安全生产状况,及时排查安全生产事故隐患,提出改进安全生产管理的建议

  D. 压缩安全经费使用,提高企业利润

  E. 督促落实本单位安全生产整改措施

**正确答案:ABCE**

**【试题解析】**

《中华人民共和国安全生产法》第二十五条是关于生产经营单位的安全生产管理机构以及安全生产管理人员对本单位安全生产工作所负职责的规定。

"第二十五条　生产经营单位的安全生产管理机构以及安全生产管理人员履行下列职责:

"（一）组织或者参与拟订本单位安全生产规章制度、操作规程和生产安全事故应急救援预案；

"（二）组织或者参与本单位安全生产教育和培训，如实记录安全生产教育和培训情况；

"（三）组织开展危险源辨识和评估，督促落实本单位重大危险源的安全管理措施；

"（四）组织或者参与本单位应急救援演练；

"（五）检查本单位的安全生产状况，及时排查生产安全事故隐患，提出改进安全生产管理的建议；

"（六）制止和纠正违章指挥、强令冒险作业、违反操作规程的行为；

"（七）督促落实本单位安全生产整改措施。

"生产经营单位可以设置专职安全生产分管负责人，协助本单位主要负责人履行安全生产管理职责。"

依据上述条文，A、B、C、E选项均在条文规定内，因此是正确的。

《中华人民共和国安全生产法》第二十三条规定："生产经营单位应当具备的安全生产条件所必需的资金投入，由生产经营单位的决策机构、主要负责人或者个人经营的投资人予以保证，并对由于安全生产所必需的资金投入不足导致的后果承担责任。

"有关生产经营单位应当按照规定提取和使用安全生产费用，专门用于改善安全生产条件。安全生产费用在成本中据实列支。安全生产费用提取、使用和监督管理的具体办法由国务院财政部门会同国务院应急管理部门征求国务院有关部门意见后制定。"

因此，选项D压缩安全经费使用以提高企业利润是错误的。

227. 城市客运企业是城市客运车辆技术管理的责任主体，为了保证投入城市客运经营的车辆符合技术要求，企业应当负责对城市客运车辆实行（　　　）。

　　A. 定时更新　　　B. 正确使用　　　C. 定期检测　　　D. 视情修理

　　E. 周期维护

**正确答案：BCDE**

**【试题解析】**

《中华人民共和国安全生产法》第三十六条 规定："安全设备的设计、制造、安装、使用、检测、维修、改造和报废，应当符合国家标准或者行业标准。

"生产经营单位必须对安全设备进行经常性维护、保养，并定期检测，保证正常运转。维护、保养、检测应当作好记录，并由有关人员签字。

"……"

《中华人民共和国安全生产法》第三十七条规定："生产经营单位使用的危险物品的容器、运输工具，以及涉及人身安全、危险性较大的海洋石油开采特种设备和矿山井下特种设备，必须按照国家有关规定，由专业生产单位生产，并经具有专业资质的检测、检验机构检测、检验合格，取得安全使用证或者安全标志，方可投入使用。检测、检验机构对检测、检验结果负责。"

依据上述条文规定,B、C选项正确。

《城市公共汽电车运营安全管理规范》(JT/T 1156—2017)7.7要求:"应按照GB/T 18344的要求实施车辆分级定期维护和检测,保证车辆技术状况良好。"

依据上述标准,D、E选项正确。

车辆只要符合技术要求就可以运营,无需定时更新,故A选项不正确。

故本题选择BCDE。

228.依据《中共中央 国务院关于推进安全生产领域改革发展的意见》,下列属于城市客运企业安全生产第一责任人的是(    )。

    A.法定代表人          B.分管安全负责人

    C.主要技术负责人     D.实际控制人

**正确答案:AD**

**【试题解析】**

《中共中央 国务院关于推进安全生产领域改革发展的意见》第六条"严格落实企业主体责任"中,明确了法定代表人和实际控制人同为安全生产第一责任人。

"(六)严格落实企业主体责任。企业对本单位安全生产和职业健康工作负全面责任,要严格履行安全生产法定责任,建立健全自我约束、持续改进的内生机制。企业实行全员安全生产责任制度,法定代表人和实际控制人同为安全生产第一责任人,主要技术负责人负有安全生产技术决策和指挥权,强化部门安全生产职责,落实一岗双责。完善落实混合所有制企业以及跨地区、多层级和境外中资企业投资主体的安全生产责任。建立企业全过程安全生产和职业健康管理制度,做到安全责任、管理、投入、培训和应急救援"五到位"。国有企业要发挥安全生产工作示范带头作用,自觉接受属地监管。"

依据上述条文,A、D选项正解。

229.下列属于城市客运企业安全生产管理制度的是(    )。

    A.安全费用管理制度     B.人事管理制度

    C.行车安全管理制度     D.工作绩效考核制度

**正确答案:AC**

**【试题解析】**

人事管理制度及工作绩效考核制度属于管理制度,不属于安全生产管理制度,因此,B、D选项错误。

故本题选AC。

230.下列属于安全生产目标设定原则的是(    )。

    A.可行性原则    B.可量化原则    C.综合性原则    D.利润最大化原则

**正确答案:ABC**

**【试题解析】**

利润最大化属于企业经营目标,不属于安全生产目标,因此D选项错误。

故本题选 ABC。

231.依据《国务院办公厅关于加强安全工作的紧急通知》,安全生产管理过程关于事故的"四不放过"原则,以下说法中包括(    )。

    A.事故原因未查清不放过　　　　B.责任人员未处理不放过

    C.整改措施未落实不放过　　　　D.安全生产未恢复不放过

    E.有关人员未受到教育不放过

**正确答案:ABCE**

**【试题解析】**

《国务院办公厅关于加强安全工作的紧急通知》中对"四不放过"原则做了解释:事故原因未查清不放过、责任人员未处理不放过、整改措施未落实不放过、有关人员未受到教育不放过。

故本题选 ABCE。

232.依据《中华人民共和国安全生产法》,关于企业安全生产主体责任,下列表述正确的是(    )。

    A.建立健全安全生产责任制和各项管理制度

    B.安全设施、设备(包括特种设备)符合安全管理的有关要求,按规定定期检测检验

    C.对从业人员隐瞒作业场所和工作岗位存在的危险、危害因素、防范措施和事故应急措施

    D.积极采取先进的安全生产技术、设备和工艺,提高安全生产科技保障水平,确保所使用的工艺装备及相关劳动工具符合安全生产要求

    E.制止和纠正违章指挥、强令冒险作业、违反操作规程的行为

**正确答案:ABDE**

**【试题解析】**

《中华人民共和国安全生产法》第四条第一款规定:"生产经营单位必须遵守本法和其他有关安全生产的法律、法规,加强安全生产管理,建立健全全员安全生产责任制和安全生产规章制度,加大对安全生产资金、物资、技术、人员的投入保障力度,改善安全生产条件,加强安全生产标准化、信息化建设,构建安全风险分级管控和隐患排查治理双重预防机制,健全风险防范化解机制,提高安全生产水平,确保安全生产。"因此 A 正确。

《中华人民共和国安全生产法》第三十六条规定:"安全设备的设计、制造、安装、使用、检测、维修、改造和报废,应当符合国家标准或者行业标准。

"生产经营单位必须对安全设备进行经常性维护、保养,并定期检测,保证正常运转。维护、保养、检测应当作好记录,并由有关人员签字。"因此 B 正确。

《中华人民共和国安全生产法》第二十九条规定:"生产经营单位采用新工艺、新技术、新材料或者使用新设备,必须了解、掌握其安全技术特性,采取有效的安全防护措施,并对从业人员进行专门的安全生产教育和培训。"因此 D 正确。

《中华人民共和国安全生产法》第二十五条规定:"生产经营单位的安全生产管理机构以及安全生产管理人员履行下列职责。

"……

"(六)制止和纠正违章指挥、强令冒险作业、违反操作规程的行为;

"……。"因此 E 正确。

《中华人民共和国安全生产法》第四十四条第一款规定:"生产经营单位应当教育和督促从业人员严格执行本单位的安全生产规章制度和安全操作规程;并向从业人员如实告知作业场所和工作岗位存在的危险因素、防范措施以及事故应急措施。"因此 C 错误。

故本题选 ABDE。

233. 依据《中华人民共和国安全生产法》中有关安全生产管理人员职责有的规定,下列说法正确的有(  )。

A. 组织或者参与拟订本单位安全生产规章制度、操作规程和生产安全事故应急救援预案

B. 组织或者参与本单位安全生产教育和培训,视情况记录安全生产教育和培训情况

C. 督促落实本单位重大危险源的安全管理措施

D. 组织或者参与本单位应急救援演练

E. 检查本单位的安全生产状况,及时排查生产安全事故隐患,提出改进安全生产管理的建议

**正确答案:ACDE**

【试题解析】

《中华人民共和国安全生产法》第二十五条明确了生产经营单位的安全生产管理机构以及安全生产管理人员应履行的职责。

"第二十五条  生产经营单位的安全生产管理机构以及安全生产管理人员履行下列职责:

"(一)组织或者参与拟订本单位安全生产规章制度、操作规程和生产安全事故应急救援预案;

"(二)组织或者参与本单位安全生产教育和培训,如实记录安全生产教育和培训情况;

"(三)组织开展危险源辨识和评估,督促落实本单位重大危险源的安全管理措施;

"(四)组织或者参与本单位应急救援演练;

"(五)检查本单位的安全生产状况,及时排查生产安全事故隐患,提出改进安全生产管理的建议;

"(六)制止和纠正违章指挥、强令冒险作业、违反操作规程的行为;

"(七)督促落实本单位安全生产整改措施。

"生产经营单位可以设置专职安全生产分管负责人,协助本单位主要负责人履行安全生产管理职责。"

依据上述条文规定,A、C、D、E 选项均符合条文规定,B 选项中"视情记录"与(二)中要求的"如实记录"不符,因此,是错误的。

234.依据《中华人民共和国安全生产法》,下列关于安全生产管理人员的说法正确的是（　　）。

  A. 生产经营单位作出涉及安全生产的经营决策,应当听取安全生产管理机构以及安全生产管理人员的意见

  B. 生产经营单位的安全生产管理人员应当根据本单位的生产经营特点,对安全生产状况进行经常性检查;对检查中发现的安全问题,应当立即处理;不能处理的,应当及时报告本单位有关负责人,有关负责人应当及时处理

  C. 城市客运企业应当设置安全生产管理机构或者配备专职安全生产管理人员

  D. 城市客运企业的安全生产管理人员必须具备与本单位所从事的生产经营活动相应的安全生产知识和管理能力,应当由主管的负有安全生产监督管理职责的部门对其安全生产知识和管理能力考核合格

  E. 生产经营单位的安全生产管理人员在检查中发现重大事故隐患,依照前款规定向本单位有关负责人报告,有关负责人不及时处理的,安全生产管理人员可以向主管的负有安全生产监督管理职责的部门报告,接到报告的部门应当依法及时处理

**正确答案:ABCDE**

**【试题解析】**

《中华人民共和国安全生产法》第二十六条第二款规定:"生产经营单位作出涉及安全生产的经营决策,应当听取安全生产管理机构以及安全生产管理人员的意见。"因此 A 选项正确。

第四十六条第一款规定:"生产经营单位的安全生产管理人员应当根据本单位的生产经营特点,对安全生产状况进行经常性检查;对检查中发现的安全问题,应当立即处理;不能处理的,应当及时报告本单位有关负责人,有关负责人应当及时处理。检查及处理情况应当如实记录在案。"因此 B 选项正确。

第二十四条第一款规定:"矿山、金属冶炼、建筑施工、运输单位和危险物品的生产、经营、储存、装卸单位,应当设置安全生产管理机构或者配备专职安全生产管理人员。"城市客运企业属于运输单位,因此 C 选项正确。

第二十七条规定:"生产经营单位的主要负责人和安全生产管理人员必须具备与本单位所从事的生产经营活动相应的安全生产知识和管理能力。

"危险物品的生产、经营、储存、装卸单位以及矿山、金属冶炼、建筑施工、运输单位的主要负责人和安全生产管理人员,应当由主管的负有安全生产监督管理职责的部门对其安全生产知识和管理能力考核合格。考核不得收费。"因此 D 选项正确。

第四十六条第二款规定:"生产经营单位的安全生产管理人员在检查中发现重大事故隐患,依照前款规定向本单位有关负责人报告,有关负责人不及时处理的,安全生产管理人员

可以向主管的负有安全生产监督管理职责的部门报告，接到报告的部门应当依法及时处理。"因此 E 选项正确。

故本题选 ABCDE。

235. 依据《中华人民共和国安全生产法》，企业对于从业人员的安全培训，应该包括以下哪些人员：（　　）。

  A. 本单位在编职工

  B. 企业使用的被劳动派遣者

  C. 企业接收中等职业学校、高等学校实习的学生

  D. 近三年内退休人员

  E. 高危岗位人员的家属

**正确答案：ABC**

【试题解析】

《中华人民共和国安全生产法》第二十八条明确了生产经营单位对从业人员进行安全生产教育和培训的相关要求。

"第二十八条　生产经营单位应当对从业人员进行安全生产教育和培训，保证从业人员具备必要的安全生产知识，熟悉有关的安全生产规章制度和安全操作规程，掌握本岗位的安全操作技能，了解事故应急处理措施，知悉自身在安全生产方面的权利和义务。未经安全生产教育和培训合格的从业人员，不得上岗作业。

"生产经营单位使用被派遣劳动者的，应当将被派遣劳动者纳入本单位从业人员统一管理，对被派遣劳动者进行岗位安全操作规程和安全操作技能的教育和培训。劳务派遣单位应当对被派遣劳动者进行必要的安全生产教育和培训。

"生产经营单位接收中等职业学校、高等学校学生实习的，应当对实习学生进行相应的安全生产教育和培训，提供必要的劳动防护用品。学校应当协助生产经营单位对实习学生进行安全生产教育和培训。"

依据上述条文分析，企业安全培训的对象为从业人员，A、B、C 选项均在其中，因此是正确的；D、E 选项不是企业的在岗从业人员，因此是错误的。

236. 依据《关于对安全生产领域守信生产经营单位及其有关人员开展联合激励的合作备忘录》，纳入安全生产守信联合激励对象的生产经营单位，应当同时符合以下条件：（　　）。

  A. 必须公开向社会承诺并严格遵守安全生产与职业健康法律、法规、标准等有关规定，严格履行安全生产主体责任

  B. 生产经营单位及其主要负责人、分管安全负责人 3 年内无安全生产失信行为

  C. 3 年内未受到安全监管监察部门作出的行政处罚

  D. 3 年内未发生造成人员死亡的生产安全责任事故，未发现新发职业病病例

  E. 安全生产标准化建设达到一级水平

**正确答案：ABCDE**

【试题解析】

《关于对安全生产领域守信生产经营单位及其有关人员开展联合激励的合作备忘录》第一部分联合激励对象中明确了纳入安全生产守信联合激励对象的生产经营单位应当同时符合的条件。

"联合激励对象为同时符合以下条件的生产经营单位及其有关人员：(1)必须公开向社会承诺并严格遵守安全生产与职业健康法律、法规、标准等有关规定,严格履行安全生产主体责任；(2)生产经营单位及其主要负责人、分管安全负责人3年内无安全生产失信行为；(3)3年内未发生造成人员死亡的生产安全责任事故,未发现新发职业病病例；(4)3年内未受到安全监管监察部门做出的行政处罚；(5)安全生产标准化建设达到一级水平。"

依据上述条文,A、B、C、D、E选项正确。

237.城市客运企业应对企业所属运营车辆定期进行安全检查。下列属于安全例行检查应配备的工具及安全防护用品的是(　　)。

A.检验锤　　　　　　　　　B.电压表

C.安全帽、工装、手套、反光背心等　　D.车辆电气系统检测设备

正确答案:AC

【试题解析】

电压表及车辆电气系统检测设备不属于安全防护用品,故本题选AC。

238.城市客运企业应当建立事故隐患排查治理制度,依据相关法律法规及自身管理规定,对(　　)等安全生产各要素和环节进行安全隐患排查,及时消除安全隐患。

A.营运车辆　　B.客运驾驶员　　C.运输线路　　D.运营过程

正确答案:ABCD

【试题解析】

《交通运输企业安全生产标准化建设基本规范　第1部分:总体要求》(JT/T 1180.1—2018)5.8.1对隐患排查提出了要求:"企业应根据有关法律法规、标准规范等,组织制定各部门、岗位、场所、设备设施的隐患排查治理标准或排查清单。隐患排查的范围应包括所有与生产经营相关的场所、人员、设备设施和活动。"因此,所有与生产经营相关的活动均属于检查范围内,对于城市客运企业,人员即为驾驶员,设备即为车辆,活动即为运输线路和过程,因此本题选ABCD。

239.完整的应急预案编制应包括哪些基本要素(　　)。

A.方针与原则　　B.应急策划　　　　C.应急准备　　　　D.应急响应

E.现场恢复

正确答案:ABCDE

【试题解析】

根据《生产经营单位生产安全事故应急预案编制导则》(GB/T 29639—2020),生产经营单位应急预案分为综合应急预案、专项应急预案和现场处置方案,并要求了上述各类预案、方案应包含的内容,选项内容为该标准中所有内容的总结,因此本题选ABCDE。

240.关于常见突发事件应急处置方法,下列表述错误的(　　　)。

    A. 车辆发生火灾时,如果火势较大,蔓延迅速,短时间无法控制,应先迅速组织人员撤离,并告知往来及周围人员远离着火车辆,驾驶员可使用灭火器继续控制火势

    B. 车辆爆胎时如果是后轮爆胎,此时应该立即握稳转向盘,反复轻踩踏板,采用收油减挡的方式将汽车缓慢停下

    C. 暴雨天气行车,通过积水处时,特别是较大积水路段时,如立交桥下、深槽隧道等,要注意观察水的深度,应该用高挡行车,快速通过

    D. 雨季在山区行驶时,应提高警惕,发现前方公路边坡是否有异动迹象,如有滚石、溜土、树木歪斜或倾倒等,应立即减速或停车检查,确认安全后加速通过,避免山体滑坡砸伤车辆

正确答案:AC

【试题解析】

车辆发生火灾时,如果火势较大,蔓延迅速,短时间无法控制,应确保自身安全、迅速撤离,并组织现场人员逃生。经分析,驾驶员使用灭火器继续控制火势的方法不正确,故A选项不正确。暴雨天气行车,通过积水处时,特别是较大积水路段时,应低速缓慢通过涉水路段,故C选项不正确。

241.依据《生产安全事故应急条例》,生产安全事故应急救援预案应当符合有关法律、法规、规章和标准的规定,具有科学性、针对性和可操作性,明确规定(　　　)。

    A. 应急组织体系　　　　B. 职责分工
    C. 应急救援程序　　　　D. 应急救援措施
    E. 应急救援资金

正确答案:ABCD

【试题解析】

《生产安全事故应急条例》第六条明确要求:"生产安全事故应急救援预案应当符合有关法律、法规、规章和标准的规定,具有科学性、针对性和可操作性,明确规定应急组织体系、职责分工以及应急救援程序和措施。"

依据上述条文规定,A、B、C、D选项正确。

242.依据《生产安全事故应急预案管理办法》,生产经营单位应急预案分为(　　　)。

    A. 综合应急预案　　　　B. 工作预案
    C. 专项应急预案　　　　D. 现场处置方案
    E. 消防应急预案

正确答案:ACD

【试题解析】

《生产安全事故应急预案管理办法》第六条明确规定:"生产经营单位应急预案分为综合应急预案、专项应急预案和现场处置方案。"

依据上述条文规定,A、C、D 选项正确。

**243.** 依据《生产安全事故应急预案管理办法》,编制应急预案前,编制单位应当进行(　　)。

　　A. 事故风险辨识　　　　　　　　B. 事故风险评估

　　C. 应急物资储备　　　　　　　　D. 应急资源调查

　　E. 应急资金到账

**正确答案:ABD**

**【试题解析】**

《生产安全事故应急预案管理办法》第十条明确规定:"编制应急预案前,编制单位应当进行事故风险辨识、评估和应急资源调查。"

依据上述条文规定,A、B、D 选项正确。

**244.** 安全生产隐患是指生产经营单位违反安全生产法律、法规、规章、标准、规程和安全生产管理制度等规定,或因其他因素在生产经营活动中存在的可能导致安全生产事故发生的因素,具体包括(　　)。

　　A. 人的不安全行为　　　　　　　B. 物的不安全状态

　　C. 场所的不安全因素　　　　　　D. 管理上的缺陷

　　E. 安全技术水平的落后

**正确答案:ABCD**

**【试题解析】**

《安全生产事故隐患排查治理暂行规定》第三条明确指出:"本规定所称安全生产事故隐患,是指生产经营单位违反安全生产法律、法规、规章、标准、规程和安全生产管理制度的规定,或者因其他因素在生产经营活动中存在可能导致事故发生的人的不安全行为物的不安全状态、场所的不安全因素和管理上的缺陷。"

依据上述条文规定,A、B、C、D 选项正确。

**245.** 关于疲劳对安全驾驶的主要影响,以下说法正确的有(　　)。

　　A. 身体会出现倦怠无力,感知觉方面变得迟钝,反应时间显著增长

　　B. 注意力涣散,注意广度变窄,注意的分配与转移困难

　　C. 操作方面的主动性和准确性变差

　　D. 视力变差

　　E. 容易愤怒驾驶

**正确答案:ABC**

**【试题解析】**

疲劳是经过体力和脑力劳动后全身机能下降的一种现象。疲劳驾驶是指驾驶员因工作时间过长,或因睡眠不足、体力消耗过大等导致行车中困倦瞌睡,四肢无力,感觉迟钝,知觉减弱,调节筋肉收缩的能力减退,不能及时发现并准确处理路面交通情况的驾驶行为。驾驶员的驾驶活动不仅是体力劳动,而且是脑力劳动,因此更容易疲劳。在驾驶疲劳的状态下,

极易发生事故。疲劳会使驾驶员的驾驶机能失调、下降,反应时间增加,导致注意力涣散,注意广度变窄,注意分配与转移困难。

根据上述分析,本题 A、B、C 选项正确。

246.安全风险等级从高到低划分为重大风险、较大风险、一般风险和低风险,分别用( )四种颜色标示。

    A.红色         B.橙色         C.黄色         D.蓝色

    E.绿色

**正确答案:ABCD**

**【试题解析】**

《国务院安委会办公室关于实施遏制重特大事故工作指南构建双重预防机制的意见》(安委办〔2016〕11 号),第二条"着力构建企业双重预防机制"中第二款"科学评定安全风险等级"明确要求:"安全风险等级从高到低划分为重大风险、较大风险、一般风险和低风险,分别用红、橙、黄、蓝四种颜色标示。"

依据上述条文规定,A、B、C、D 选项正确。

247.依据《生产安全事故报告和调查处理条例》,以下属于生产安全事故调查报告内容的有( )。

    A.事故发生单位财务情况

    B.事故发生经过和事故救援情况

    C.事故造成的人员伤亡和直接经济损失

    D.事故发生的原因和事故性质

    E.事故责任的认定以及对事故责任者的处理建议

**正确答案:BCDE**

**【试题解析】**

《生产安全事故报告和调查处理条例》第三十条明确规定了事故调查报告应包含的内容。

"第三十条 事故调查报告应当包括下列内容:

"(一)事故发生单位概况;

"(二)事故发生经过和事故救援情况;

"(三)事故造成的人员伤亡和直接经济损失;

"(四)事故发生的原因和事故性质;

"(五)事故责任的认定以及对事故责任者的处理建议;

"(六)事故防范和整改措施。

"事故调查报告应当附具有关证据材料。事故调查组成员应当在事故调查报告上签名。"

依据上述条文规定,B、C、D、E 选项正确。

248.依据《国务院办公厅关于加强安全工作的紧急通知》,为了保证生产经营单位能够深入调查事故并从事故中吸取教训,改善管理,事故处理需遵循"四不放过"原则,以下关于

"四不放过"原则,以下说法正确的是(　　)。

  A. 事故原因未查清不放过    B. 责任人员未处理不放过

  C. 整改措施未落实不放过    D. 事故教育未汲取不放过

**正确答案:ABCD**

【试题解析】

《国务院办公厅关于加强安全工作的紧急通知》中对"四不放过"原则做了解释:事故原因未查清不放过、责任人员未处理不放过、整改措施未落实不放过、有关人员未受到教育不放过。

故本题选 ABCD。

249. 下列属于城市客运领域运输安全隐患的有(　　)。

  A. 公交乘务人员工作期间饮酒  B. 驾驶员服用感冒药后驾驶车辆

  C. 驾驶员连续驾驶 1 小时    D. 车辆未及时保养

  E. 雨雪天气行车未采取合适安全措施

**正确答案:ABDE**

【试题解析】

《安全生产事故隐患排查治理暂行规定》第三条明确指出:"本规定所称安全生产事故隐患,是指生产经营单位违反安全生产法律、法规、规章、标准、规程和安全生产管理制度的规定,或者因其他因素在生产经营活动中存在可能导致事故发生的物的危险状态、人的不安全行为和管理上的缺陷。"

A、B 选项为人的不安全行为,D 选项属于物的危险状态,E 选项属于管理上的缺陷,因此 A、B、D、E 选项正确。

250. 人的反应时间受多种因素影响,关于反应时间,下列表述正确的是(　　)。

  A. 手比脚反应快      B. 女性比男性反应快

  C. 儿童比成年人反应快    D. 对声音反应比光线反应快

  E. 适当的训练有助于缩短反应时间

**正确答案:ADE**

【试题解析】

影响驾驶员反应的因素:(1)刺激。刺激对象不同,反应时间不同。人反应最快的是触觉,其次是听觉,再次是视觉,反应最慢的是嗅觉;刺激部位不同,反应时间不同,如手的反应比脚快。故 A、D 选项正确。(2)年龄和性别。一般来讲,人在 30 岁以前,反应时间随年龄的增加而缩短,30 岁以后则逐渐增加。同龄男性比同龄女性的反应时间要短。故 B、C 选项错误。E 选项显然正确。故本题选 ADE。

251. 依据《生产安全事故报告和调查处理条例》,生产安全事故调查处理应坚持的原则是(　　)。

  A. 实事求是  B. 尊重科学  C. 依法依规  D. 注重实效

  E. 弄虚作假

正确答案:ABCD

【试题解析】

《生产安全事故报告和调查处理条例》第二款明确要求:"事故调查处理应当坚持实事求是、尊重科学的原则,及时、准确地查清事故经过、事故原因和事故损失,查明事故性质,认定事故责任,总结事故教训,提出整改措施,并对事故责任者依法追究责任。"

《中华人民共和国安全生产法》第八十六条第一款明确规定:"事故调查处理应当按照科学严谨、依法依规、实事求是、注重实效的原则,及时、准确地查清事故原因,查明事故性质和责任,评估应急处置工作,总结事故教训,提出整改措施,并对事故责任单位和人员提出处理建议。事故调查报告应当依法及时向社会公布。事故调查和处理的具体办法由国务院制定。"

依据上述条文规定,A、B、C、D选项正确;E选项显然错误。

252.依据《生产安全事故应急条例》,下列属于生产安全事故应急救援预案制定单位及时修订预案的情况是(    )。

    A.制定预案所依据的法律、法规、规章、标准发生重大变化

    B.运输路线发生变化的

    C.重要应急资源发生重大变化

    D.安全生产面临的风险发生重大变化

    E.在预案演练或者应急救援中发现需要修订预案的重大问题

正确答案:ACDE

【试题解析】

《生产安全事故应急条例》第六条明确要求了应急救援预案的修改要求。

"第六条 生产安全事故应急救援预案应当符合有关法律、法规、规章和标准的规定,具有科学性、针对性和可操作性,明确规定应急组织体系、职责分工以及应急救援程序和措施。

"有下列情形之一的,生产安全事故应急救援预案制定单位应当及时修订相关预案:

"(一)制定预案所依据的法律、法规、规章、标准发生重大变化;

"(二)应急指挥机构及其职责发生调整;

"(三)安全生产面临的风险发生重大变化;

"(四)重要应急资源发生重大变化;

"(五)在预案演练或者应急救援中发现需要修订预案的重大问题;

"(六)其他应当修订的情形。"

依据上述条文规定,A、C、D、E选项正确。

253.依据《公路水路行业安全生产风险辨识评估管控基本规范》,风险的等级主要由风险事件发生的(    )和(    )两个指标确定。

    A.可能性        B.后果严重程度        C.经济损失        D.人员伤亡

    E.社会影响

正确答案:AB

【试题解析】

《公路水路行业安全生产风险辨识评估管控基本规范》6.1 中对风向评估指标体系确定提出明确要求:风险等级主要由风险事件发生的可能性($L$)、后果严重程度($C$)决定。

故本题选 AB。

254. 依据《生产安全事故报告和调查处理条例》,事故调查处理应当坚持的原则包括( )。

  A. 科学严谨　　　B. 越快越好　　　C. 依法依规　　　D. 实事求是

  E. 注重实效

正确答案:ACDE

【试题解析】

《生产安全事故报告和调查处理条例》第二款明确要求:"事故调查处理应当坚持实事求是、尊重科学的原则,及时、准确地查清事故经过、事故原因和事故损失,查明事故性质,认定事故责任,总结事故教训,提出整改措施,并对事故责任者依法追究责任。"

《中华人民共和国安全生产法》第八十六条第一款明确规定:"事故调查处理应当按照科学严谨、依法依规、实事求是、注重实效的原则,及时、准确地查清事故原因,查明事故性质和责任,评估应急处置工作,总结事故教训,提出整改措施,并对事故责任单位和人员提出处理建议。事故调查报告应当依法及时向社会公布。事故调查和处理的具体办法由国务院制定。"

依据上述条文规定,A、C、D、E 选项正确。

255. 人的反应时间受多种因素影响,对于反应时间,下列描述错误的是( )。

  A. 手比脚反应快　　　　　　　　B. 女性比男性反应快

  C. 儿童比成年人反应快　　　　　D. 对声音反应比光线反应快

  E. 适当的训练有助于缩短反应时间

正确答案:BC

【试题解析】

影响驾驶员反应的因素:(1)刺激。刺激对象不同,反应时间不同。人反应最快的是触觉,其次是听觉,再次是视觉,反应最慢的是嗅觉;刺激部位不同,反应时间不同,如手的反应比脚快。故 A、D 选项正确。(2)年龄和性别。一般来讲,人在 30 岁以前,反应时间随年龄的增加而缩短,30 岁以后则逐渐增加。同龄男性比同龄女性的反应时间要短。故 B、C 选项错误。E 选项显然正确。故本题选 BC。

256. 依据《中华人民共和国安全生产法》,生产经营单位是事故隐患排查、治理和防控的责任主体。关于生产经营单位职责,下列说法正确的有( )。

  A. 生产经营单位主要负责人对本单位事故隐患排查治理工作全面负责

  B. 生产经营单位应当保证事故隐患排查治理所需的资金,但不必建立资金使用专项制度

  C. 生产经营单位应当定期组织安全生产管理人员、工程技术人员和其他相关人员

排查本单位的事故隐患

D. 生产经营单位对承包、承租单位的事故隐患排查治理负有统一协调和监督管理的职责

E. 隐患排查治理统计分析表应当由生产经营单位主要负责人签字

正确答案:ACDE

【试题解析】

根据《中华人民共和国安全生产法》第二十一条,生产经营单位主要负责人对本单位事故隐患排查治理工作全面负责,故A、E选项正确。

第二十三条,生产经营单位应当具备的安全生产条件所必需的资金投入,故B选项错误。

第四十一条,生产经营单位应当建立健全并落实生产安全事故隐患排查治理制度,故C选项正确。

第四十九条,生产经营单位对承包单位、承租单位的安全生产工作统一协调、管理,定期进行安全检查,发现安全问题的,应当及时督促整改。故D选项正确。

故本题选ACDE。

257. 依据《生产安全事故报告和调查处理条例》,报告事故的内容应包括( )。

A. 事故发生单位概况

B. 事故发生的时间、地点以及事故现场情况

C. 事故的简要经过

D. 事故已经造成或者可能造成的伤亡人数(包括下落不明的人数)和初步估计的直接经济损失

正确答案:ABCD

【试题解析】

《生产安全事故报告和调查处理条例》第三十条明确规定了事故调查报告应包含的内容。

"第三十条 事故调查报告应当包括下列内容:

"(一)事故发生单位概况;

"(二)事故发生经过和事故救援情况;

"(三)事故造成的人员伤亡和直接经济损失;

"(四)事故发生的原因和事故性质;

"(五)事故责任的认定以及对事故责任者的处理建议;

"(六)事故防范和整改措施。

"事故调查报告应当附具有关证据材料。事故调查组成员应当在事故调查报告上签名。"

依据上述条文规定,A、B、C、D选项正确。

258. 依据《生产安全事故报告和调查处理条例》,事故调查报告的内容应包括( )。

A. 事故发生单位概况

B.事故造成的人员伤亡和直接经济损失

C.事故发生的原因和事故性质

D.事故责任的认定以及对事故责任者的处理建议

**正确答案：ABCD**

**【试题解析】**

《生产安全事故报告和调查处理条例》第三十条明确规定了事故调查报告应包含的内容。

"第三十条　事故调查报告应当包括下列内容：

"（一）事故发生单位概况；

"（二）事故发生经过和事故救援情况；

"（三）事故造成的人员伤亡和直接经济损失；

"（四）事故发生的原因和事故性质；

"（五）事故责任的认定以及对事故责任者的处理建议；

"（六）事故防范和整改措施。

"事故调查报告应当附具有关证据材料。事故调查组成员应当在事故调查报告上签名。"

依据上述条文规定，A、B、C、D选项正确。

259.依据《生产安全事故应急预案管理办法》有关要求，某城市客运企业于2020年11月30日制定并发布了综合应急预案、专项应急预案和现场处置方案。针对预案演练，下列说法正确的有（　　）。

A.至少应在2021年11月30日前组织一次综合应急预案的演练

B.至少应在2021年11月30日前组织一次现场处置方案的演练

C.至少应在2021年5月31日前组织一次现场处置方案的演练

D.至少应在2022年11月30日前组织一次综合应急预案的演练

E.至少应在2022年11月30日前组织一次专项应急预案的演练

**正确答案：AC**

**【试题解析】**

《生产安全事故应急预案管理办法》第三十三条提出："生产经营单位应当制定本单位的应急预案演练计划，根据本单位的事故风险特点，每年至少组织一次综合应急预案演练或者专项应急预案演练，每半年至少组织一次现场处置方案演练。"

依据上述条文分析，A、C选项正确。

260.依据《中华人民共和国突发事件应对法》，自然灾害危害或者发生事故灾难、公共卫生事件时，正确的应急处置措施包括（　　）。

A.组织营救和救治受害人员，迅速控制危险源

B.立即抢修被损坏的公共设施，向受到危害的人员提供生活必需品和医疗救护

C.在组织施救的同时，继续开展正常的生产经营活动

　　D.启用本级人民政府设置的财政预备费和储备的应急救援物资,必要时调用其他急需物资、设备、设施、工具

　　E.着力应对突发事件,适当放宽囤积居奇、哄抬物价、制假售假等扰乱市场秩序的行为

**正确答案:ABD**

**【试题解析】**

《中华人民共和国突发事件应对法》第四十九条明确规定了发生自然灾害、事故灾难或者公共卫生事件发生后,履行统一领导职责的人民政府可以采取的应急处置措施。

"第四十九条　自然灾害、事故灾难或者公共卫生事件发生后,履行统一领导职责的人民政府可以采取下列一项或者多项应急处置措施:

"(一)组织营救和救治受害人员,疏散、撤离并妥善安置受到威胁的人员以及采取其他救助措施;

"(二)迅速控制危险源,标明危险区域,封锁危险场所,划定警戒区,实行交通管制以及其他控制措施;

"(三)立即抢修被损坏的交通、通信、供水、排水、供电、供气、供热等公共设施,向受到危害的人员提供避难场所和生活必需品,实施医疗救护和卫生防疫以及其他保障措施;

"(四)禁止或者限制使用有关设备、设施,关闭或者限制使用有关场所,中止人员密集的活动或者可能导致危害扩大的生产经营活动以及采取其他保护措施;

"(五)启用本级人民政府设置的财政预备费和储备的应急救援物资,必要时调用其他急需物资、设备、设施、工具;

"(六)组织公民参加应急救援和处置工作,要求具有特定专长的人员提供服务;

"(七)保障食品、饮用水、燃料等基本生活必需品的供应;

"(八)依法从严惩处囤积居奇、哄抬物价、制假售假等扰乱市场秩序的行为,稳定市场价格,维护市场秩序;

"(九)依法从严惩处哄抢财物、干扰破坏应急处置工作等扰乱社会秩序的行为,维护社会治安;

"(十)采取防止发生次生、衍生事件的必要措施。"

依据上述条文规定,A、B、D选项正确。

261.依据《生产安全事故报告和调查处理条例》,事故调查处理应当坚持的原则包括(　　)。

　　A.科学严谨　　　　B.越快越好　　　　C.依法依规　　　　D.实事求是

　　E.注重实效

**正确答案:ACDE**

**【试题解析】**

《生产安全事故报告和调查处理条例》第二款明确要求:"事故调查处理应当坚持实事

求是、尊重科学的原则,及时、准确地查清事故经过、事故原因和事故损失,查明事故性质,认定事故责任,总结事故教训,提出整改措施,并对事故责任者依法追究责任。"

《中华人民共和国安全生产法》第八十六条第一款明确规定:"事故调查处理应当按照科学严谨、依法依规、实事求是、注重实效的原则,及时、准确地查清事故原因,查明事故性质和责任,评估应急处置工作,总结事故教训,提出整改措施,并对事故责任单位和人员提出处理建议。事故调查报告应当依法及时向社会公布。事故调查和处理的具体办法由国务院制定。"

依据上述条文规定,A、C、D、E 选项正确。

262.下列属于城市客运领域运输安全隐患的有(　　)。

A. 从业人员工作期间饮酒

B. 驾驶员服用感冒药后驾驶车辆

C. 驾驶员连续驾驶 1.5 小时

D. 车辆未及时保养

E. 雨雪天气行车过程中,加速通过积水积雪路段

**正确答案:ABDE**

【试题解析】

《安全生产事故隐患排查治理暂行规定》第三条明确指出:"本规定所称安全生产事故隐患,是指生产经营单位违反安全生产法律、法规、规章、标准、规程和安全生产管理制度的规定,或者因其他因素在生产经营活动中存在可能导致事故发生的物的危险状态、人的不安全行为和管理上的缺陷。"

A、B、E 选项为人的不安全行为,D 选项属于物的危险状态。

故本题选 ABDE。

263.依据《中华人民共和国突发事件应对法》,突发事件发生后,负责或者参与应急处置的交通运输主管部门应当根据有关规定和实际需要采取的措施包括(　　)。

A. 组织运力疏散、撤离受困人员,组织搜救突发事件中的遇险人员,组织应急物资运输

B. 调集人员、物资、设备、工具,对受损的基础设施进行抢修、抢通或搭建临时性设施

C. 对危险源和危险区域进行控制,设立警示标志

D. 处罚和控制相关企业责任人

E. 按照应急预案规定的程序报告突发事件信息以及应急处置的进展情况

**正确答案:ABCE**

【试题解析】

《中华人民共和国突发事件应对法》第四十九条明确规定了发生自然灾害、事故灾难或者公共卫生事件发生后,履行统一领导职责的人民政府可以采取的应急处置措施。

"第四十九条　自然灾害、事故灾难或者公共卫生事件发生后,履行统一领导职责的人民政府可以采取下列一项或者多项应急处置措施:

"(一)组织营救和救治受害人员,疏散、撤离并妥善安置受到威胁的人员以及采取其他救助措施;

"(二)迅速控制危险源,标明危险区域,封锁危险场所,划定警戒区,实行交通管制以及其他控制措施;

"(三)立即抢修被损坏的交通、通信、供水、排水、供电、供气、供热等公共设施,向受到危害的人员提供避难场所和生活必需品,实施医疗救护和卫生防疫以及其他保障措施;

"(四)禁止或者限制使用有关设备、设施,关闭或者限制使用有关场所,中止人员密集的活动或者可能导致危害扩大的生产经营活动以及采取其他保护措施;

"(五)启用本级人民政府设置的财政预备费和储备的应急救援物资,必要时调用其他急需物资、设备、设施、工具;

"(六)组织公民参加应急救援和处置工作,要求具有特定专长的人员提供服务;

"(七)保障食品、饮用水、燃料等基本生活必需品的供应;

"(八)依法从严惩处囤积居奇、哄抬物价、制假售假等扰乱市场秩序的行为,稳定市场价格,维护市场秩序;

"(九)依法从严惩处哄抢财物、干扰破坏应急处置工作等扰乱社会秩序的行为,维护社会治安;

"(十)采取防止发生次生、衍生事件的必要措施。"

依据上述条文规定,A、B、C、E选项正确。

## 三、判断题

264. 在中华人民共和国领域内从事生产经营活动的单位的安全生产,适用《中华人民共和国安全生产法》。

正确答案:√

【试题解析】

《中华人民共和国安全生产法》第二条对本法的适用范围和调整事项作出了具体规定。

"第二条　在中华人民共和国领域内从事生产经营活动的单位(以下统称生产经营单位)的安全生产,适用本法;有关法律、行政法规对消防安全和道路交通安全、铁路交通安全、水上交通安全、民用航空安全以及核与辐射安全、特种设备安全另有规定的,适用其规定。"

故此说法正确。

265. 依据《中华人民共和国安全生产法》,安全生产工作无须坚持中国共产党的领导。

正确答案:×

【试题解析】

《中华人民共和国安全生产法》第三条对安全生产工作坚持中国共产党的领导作出了规定。

"第三条　安全生产工作坚持中国共产党的领导。

"……"

故此说法错误。

266. 依据《中华人民共和国安全生产法》,从业人员发现直接危及人身安全的紧急情况时,无权停止作业或者在采取可能的应急措施后撤离作业场所。

**正确答案:×**

**【试题解析】**

《中华人民共和国安全生产法》第五十五条对生产经营单位从业人员的紧急处置权及其保护作出了具体规定。

"第五十五条 从业人员发现直接危及人身安全的紧急情况时,有权停止作业或者在采取可能的应急措施后撤离作业场所。

"……"

故此说法错误。

267. 依据《中华人民共和国安全生产法》,生产经营单位可以将生产经营项目、场所、设备发包或者出租给不具备安全生产条件或者相应资质的单位或者个人。

**正确答案:×**

**【试题解析】**

"《中华人民共和国安全生产法》第四十九条对生产经营项目、场所、设备发包或者出租的安全生产责任作出了具体规定。

"第四十九条 生产经营单位不得将生产经营项目、场所、设备发包或者出租给不具备安全生产条件或者相应资质的单位或者个人。

"……"

故此说法错误。

268. 依据《中华人民共和国安全生产法》,生产经营单位接收中等职业学校、高等学校学生实习的,无需对实习学生进行相应的安全生产教育和培训,提供必要的劳动防护用品。

**正确答案:×**

**【试题解析】**

《中华人民共和国安全生产法》第二十八条对安全生产教育和培训作出了具体规定。

"第二十八条 ……

"生产经营单位接收中等职业学校、高等学校学生实习的,应当对实习学生进行相应的安全生产教育和培训,提供必要的劳动防护用品。学校应当协助生产经营单位对实习学生进行安全生产教育和培训。"

"……"

故此说法错误。

269. 依据《中华人民共和国安全生产法》,生产经营单位必须为从业人员提供符合国家标准或者行业标准的劳动防护用品,并监督、教育从业人员按照使用规则佩戴、使用。

正确答案:√

【试题解析】

《中华人民共和国安全生产法》第四十五条对生产经营单位提供劳动防护用品等作出了具体规定。

"第四十五条　生产经营单位必须为从业人员提供符合国家标准或者行业标准的劳动防护用品,并监督、教育从业人员按照使用规则佩戴、使用。"

故此说法正确。

270. 依据《中华人民共和国安全生产法》,生产、经营、储存、使用危险物品的车间、商店、仓库可以与员工宿舍在同一座建筑物内,但应当与员工宿舍保持安全距离。

正确答案:×

【试题解析】

《中华人民共和国安全生产法》第四十二条对生产经营场所、员工宿舍安全管理要求作出了具体规定。

"第四十二条　生产、经营、储存、使用危险物品的车间、商店、仓库不得与员工宿舍在同一座建筑物内,并应当与员工宿舍保持安全距离。

"……"

故此说法错误。

271. 依据《中华人民共和国安全生产法》,工会不能对建设项目的安全设施和主体工程同时设计、同时施工、同时投入生产和使用进行监督。

正确答案:×

【试题解析】

《中华人民共和国安全生产法》第六十条对工会安全生产工作职责作出了具体规定。

"第六十条　工会有权对建设项目的安全设施与主体工程同时设计、同时施工、同时投入生产和使用进行监督,提出意见。

"……"

故此说法错误。

272. 依据《中华人民共和国安全生产法》,特种作业人员未按照规定经专门的安全作业培训,未取得相应资格,上岗作业导致事故的,应追究生产经营单位有关人员的责任。

正确答案:√

【试题解析】

《中华人民共和国安全生产法》第九十七条对生产经营单位违法行为的法律责任作出了具体规定。

"第九十七条　生产经营单位有下列行为之一的,责令限期改正,处十万元以下的罚款;逾期未改正的,责令停产停业整顿,并处十万元以上二十万元以下的罚款,对其直接负责的主管人员和其他直接责任人员处二万元以上五万元以下的罚款:

"（一）未按照规定设置安全生产管理机构或者配备安全生产管理人员、注册安全工程师的；

"（二）危险物品的生产、经营、储存、装卸单位以及矿山、金属冶炼、建筑施工、运输单位的主要负责人和安全生产管理人员未按照规定经考核合格的；

"（三）未按照规定对从业人员、被派遣劳动者、实习学生进行安全生产教育和培训，或者未按照规定如实告知有关的安全生产事项的；

"（四）未如实记录安全生产教育和培训情况的；

"（五）未将事故隐患排查治理情况如实记录或者未向从业人员通报的；

"（六）未按照规定制定生产安全事故应急救援预案或者未定期组织演练的；

"（七）特种作业人员未按照规定经专门的安全作业培训并取得相应资格，上岗作业的。"

故此说法正确。

273. 依据《中华人民共和国安全生产法》，生产经营单位无须依法参加工伤保险，为从业人员缴纳保险费。

**正确答案：×**

**【试题解析】**

《中华人民共和国安全生产法》第五十一条对工伤保险作出了具体规定。

"第五十一条　生产经营单位必须依法参加工伤保险，为从业人员缴纳保险费。

"……"

故此说法错误。

274. 依据《中华人民共和国安全生产法》，生产经营单位不得关闭、破坏直接关系生产安全的监控、报警、防护、救生设备、设施，或者篡改、隐瞒、销毁其相关数据、信息。

**正确答案：√**

**【试题解析】**

《中华人民共和国安全生产法》第三十六条对生产经营单位安全设备管理作出了具体规定。

"第三十六条　……

"生产经营单位不得关闭、破坏直接关系生产安全的监控、报警、防护、救生设备、设施，或者篡改、隐瞒、销毁其相关数据、信息。

"……"

故此说法正确。

275. 依据《中华人民共和国安全生产法》，生产经营单位应当建立安全风险分级管控制度，按照安全风险分级采取相应的管控措施。

**正确答案：√**

**【试题解析】**

《中华人民共和国安全生产法》第四十一条对生产经营单位安全风险分级管控等作出了

具体规定。

"第四十一条　生产经营单位应当建立安全风险分级管控制度,按照安全风险分级采取相应的管控措施。

"……"

故此说法正确。

276.依据《中华人民共和国安全生产法》,生产经营单位应当关注从业人员的身体、心理状况和行为习惯,加强对从业人员的心理疏导、精神慰藉,严格落实岗位安全生产责任,防范从业人员行为异常导致事故发生。

正确答案:√

【试题解析】

《中华人民共和国安全生产法》第四十四条对生产经营单位对从业人员相关安全管理义务作出了具体规定。

"第四十四条　……

"生产经营单位应当关注从业人员的身体、心理状况和行为习惯,加强对从业人员的心理疏导、精神慰藉,严格落实岗位安全生产责任,防范从业人员行为异常导致事故发生。"

故此说法正确。

277.依据《中华人民共和国安全生产法》,生产经营单位发生生产安全事故后,无须及时采取措施救治有关人员。

正确答案:×

【试题解析】

《中华人民共和国安全生产法》第五十六条对生产经营单位的及时救治义务等作出了具体规定。

"第五十六条　生产经营单位发生生产安全事故后,应当及时采取措施救治有关人员。

"……"

故此说法错误。

278.依据《中华人民共和国安全生产法》,因安全生产违法行为造成重大事故隐患或者导致重大事故,致使国家利益或者社会公共利益受到侵害的,人民检察院可以根据民事诉讼法、行政诉讼法的相关规定提起公益诉讼。

正确答案:√

【试题解析】

《中华人民共和国安全生产法》第七十四条对安全生产领域公益诉讼等作出了具体规定。

"第七十四条……

"因安全生产违法行为造成重大事故隐患或者导致重大事故,致使国家利益或者社会公共利益受到侵害的,人民检察院可以根据民事诉讼法、行政诉讼法的相关规定提起公益诉讼。"

故此说法正确。

279. 依据《中华人民共和国安全生产法》,负有安全生产监督管理职责的部门应当加强对生产经营单位行政处罚信息的及时归集、共享、应用和公开,对生产经营单位作出处罚决定后七个工作日内在监督管理部门公示系统予以公开曝光,强化对违法失信生产经营单位及其有关从业人员的社会监督,提高全社会安全生产诚信水平。

**正确答案:√**

**【试题解析】**

《中华人民共和国安全生产法》第七十八条对负有安全生产监督管理职责的部门的安全生产监督管理职责作出了具体规定。

"第七十八条　……

"负有安全生产监督管理职责的部门应当加强对生产经营单位行政处罚信息的及时归集、共享、应用和公开,对生产经营单位作出处罚决定后七个工作日内在监管部门公示系统予以公开曝光,强化对违法失信生产经营单位及其有关从业人员的社会监督,提高全社会安全生产诚信水平。"

故此说法正确。

280. 依据《中华人民共和国安全生产法》,事故发生单位应当及时全面落实整改措施,负有安全生产监督管理职责的部门应当加强监督检查。

**正确答案:√**

**【试题解析】**

《中华人民共和国安全生产法》第八十六条对负有安全生产监督管理职责的部门的监督检查职责等作出了具体规定。

"第八十六条　……

"事故发生单位应当及时全面落实整改措施,负有安全生产监督管理职责的部门应当加强监督检查。

"……"

故此说法正确。

281. 依据《中华人民共和国安全生产法》,负责事故调查处理的国务院有关部门和地方人民政府应当在批复事故调查报告后三年内,组织有关部门对事故整改和防范措施落实情况进行评估,并及时向社会公开评估结果;对不履行职责导致事故整改和防范措施没有落实的有关单位和人员,应当按照有关规定追究责任。

**正确答案:×**

**【试题解析】**

《中华人民共和国安全生产法》第八十六条对事故整改和防范措施落实情况进行评估等作出了具体规定。

"第八十六条 ……

"负责事故调查处理的国务院有关部门和地方人民政府应当在批复事故调查报告后一年内，组织有关部门对事故整改和防范措施落实情况进行评估，并及时向社会公开评估结果；对不履行职责导致事故整改和防范措施没有落实的有关单位和人员，应当按照有关规定追究责任。"

故此说法错误。

282.生产经营单位违反《中华人民共和国安全生产法》规定，被责令改正且受到罚款处罚，拒不改正的，负有安全生产监督管理职责的部门可以自作出责令改正之日的次日起，按照原处罚数额按日连续处罚。

**正确答案：√**

【试题解析】

《中华人民共和国安全生产法》第一百一十二条对生产经营单位违法行为"按日计罚"作出了具体规定。

"第一百一十二条 生产经营单位违反本法规定，被责令改正且受到罚款处罚，拒不改正的，负有安全生产监督管理职责的部门可以自作出责令改正之日的次日起，按照原处罚数额按日连续处罚。"

故此说法正确。

283.生产经营单位应当具备《中华人民共和国安全生产法》和有关法律、行政法规和国家标准或者行业标准规定的安全生产条件；不具备安全生产条件的，不得从事生产经营活动。

**正确答案：√**

【试题解析】

《中华人民共和国安全生产法》第二十条对生产经营单位应当具备安全生产条件作出了具体规定。

"第二十条 生产经营单位应当具备本法和有关法律、行政法规和国家标准或者行业标准规定的安全生产条件；不具备安全生产条件的，不得从事生产经营活动。"

故此说法正确。

284.依据《中华人民共和国安全生产法》，生产经营单位对承包单位、承租单位的安全生产工作统一协调、管理，定期进行安全检查，发现安全问题的，应及时督促整改。

**正确答案：√**

【试题解析】

《中华人民共和国安全生产法》第四十九条对生产经营项目、场所发包或者出租的安全生产责任制作出了具体规定。

"第四十九条……

"生产经营项目、场所发包或者出租给其他单位的，生产经营单位应当与承包单位、承租单位签订专门的安全生产管理协议,或者在承包合同、租赁合同中约定各自的安全生产管理职责;生产经营单位对承包单位、承租单位的安全生产工作统一协调、管理,定期进行安全检查,发现安全问题的,应当及时督促整改。

"……"

故此说法正确。

285.依据《中华人民共和国刑法》,交通肇事罪是指违反交通运输管理法规,发生重大事故,致人重伤、死亡或者使公私财产遭受重大损失,依法被追究刑事责任的犯罪行为。

正确答案:√

【试题解析】

《中华人民共和国刑法》第一百三十三条对交通肇事罪作出了具体规定。

"第一百三十三条　违反交通运输管理法规,因而发生重大事故,致人重伤、死亡或者使公私财产遭受重大损失的,处三年以下有期徒刑或者拘役;交通运输肇事后逃逸或者有其他特别恶劣情节的,处三年以上七年以下有期徒刑;因逃逸致人死亡的,处七年以上有期徒刑。"

故此说法正确。

286.依据《中华人民共和国刑法》,在生产、作业中违反有关安全管理的规定,因而发生重大伤亡事故或者造成其他严重后果的,处三年以下有期徒刑或者拘役;情节特别恶劣的,处三年以上七年以下有期徒刑。

正确答案:√

【试题解析】

《中华人民共和国刑法》第一百三十四条对重大责任事故罪作出了具体规定。

"第一百三十四条　在生产、作业中违反有关安全管理的规定,因而发生重大伤亡事故或者造成其他严重后果的,处三年以下有期徒刑或者拘役;情节特别恶劣的,处三年以上七年以下有期徒刑。"

"……"

故此说法正确。

287.依据《中华人民共和国刑法》,安全生产设施或者安全生产条件不符合国家规定,因而发生重大伤亡事故或者造成其他严重后果的,对直接负责的主管人员和其他直接责任人员,处三年以下有期徒刑或者拘役;情节特别恶劣的,处三年以上七年以下有期徒刑。

正确答案:√

【试题解析】

《中华人民共和国刑法》第一百三十五条对重大劳动安全事故罪作出了具体规定。

"第一百三十五条　安全生产设施或者安全生产条件不符合国家规定,因而发生重大伤亡事故或者造成其他严重后果的,对直接负责的主管人员和其他直接责任人员,处三年以下有期徒刑或者拘役;情节特别恶劣的,处三年以上七年以下有期徒刑。"

故此说法正确。

288. 依据《中华人民共和国刑法》,强令他人违章冒险作业,或者明知存在重大事故隐患而不排除,仍冒险组织作业,因而发生重大伤亡事故或者造成其他严重后果的,处五年以下有期徒刑或者拘役;情节特别恶劣的,处五年以上有期徒刑。

**正确答案:√**

**【试题解析】**

《中华人民共和国刑法》第一百三十四条对强令、组织他人违章冒险作业罪作出了具体规定。

"第一百三十四条 ……

"强令他人违章冒险作业,或者明知存在重大事故隐患而不排除,仍冒险组织作业,因而发生重大伤亡事故或者造成其他严重后果的,处五年以下有期徒刑或者拘役;情节特别恶劣的,处五年以上有期徒刑。"

故此说法正确。

289. 依据《中华人民共和国消防法》,火灾扑灭后,发生火灾的单位和相关人员无须按照消防救援机构的要求保护现场,但要接受事故调查,如实提供与火灾有关的情况。

**正确答案:×**

**【试题解析】**

《中华人民共和国消防法》第五十一条对火灾扑灭后,发生火灾的单位和相关人员的义务作出了具体规定。

"第五十一条 ……

"火灾扑灭后,发生火灾的单位和相关人员应当按照消防救援机构的要求保护现场,接受事故调查,如实提供与火灾有关的情况。

"……"

故此说法错误。

290. 城市客运企业应根据《中华人民共和国消防法》落实消防安全责任制,制定本单位的消防安全制度、消防安全操作规程,制定灭火和应急疏散预案。

**正确答案:√**

**【试题解析】**

《中华人民共和国消防法》第十六条对机关、团体、企业、事业等单位的消防安全职责作出了具体规定。

"第十六条 机关、团体、企业、事业等单位应当履行下列消防安全职责:

"(一)落实消防安全责任制,制定本单位的消防安全制度、消防安全操作规程,制定灭火和应急疏散预案;

"(二)按照国家标准、行业标准配置消防设施、器材,设置消防安全标志,并定期组织检验、维修,确保完好有效;

"(三)对建筑消防设施每年至少进行一次全面检测,确保完好有效,检测记录应当完整准确,存档备查;

"(四)保障疏散通道、安全出口、消防车通道畅通,保证防火防烟分区、防火间距符合消防技术标准;

"(五)组织防火检查,及时消除火灾隐患;

"(六)组织进行有针对性的消防演练;

"(七)法律、法规规定的其他消防安全职责。

"单位的主要负责人是本单位的消防安全责任人。"

故此说法正确。

291.依据《中华人民共和国消防法》,消防工作贯彻预防为主、防消结合的方针,按照政府统一领导、部门依法监管、单位全面负责、公民积极参与的原则,实行消防安全责任制,建立健全社会化的消防工作网络。

正确答案:√

【试题解析】

《中华人民共和国消防法》第二条对消防工作的方针、原则等作出了具体规定。

"第二条　消防工作贯彻预防为主、防消结合的方针,按照政府统一领导、部门依法监管、单位全面负责、公民积极参与的原则,实行消防安全责任制,建立健全社会化的消防工作网络。"

故此说法正确。

292.依据《中华人民共和国消防法》,人员密集场所的门窗可以设置影响逃生和灭火救援的障碍物。

正确答案:×

【试题解析】

《中华人民共和国消防法》第二十八条对单位、个人的消防义务,以及人员密集场所的门窗设置的要求作出了具体规定。

"第二十八条　任何单位、个人不得损坏、挪用或者擅自拆除、停用消防设施、器材,不得埋压、圈占、遮挡消火栓或者占用防火间距,不得占用、堵塞、封闭疏散通道、安全出口、消防车通道。人员密集场所的门窗不得设置影响逃生和灭火救援的障碍物。"

故此说法错误。

293.依据《中华人民共和国突发事件应对法》,所有单位应不定期检查本单位各项安全防范措施的落实情况,及时消除事故隐患。

正确答案:×

【试题解析】

《中华人民共和国突发事件应对法》第二十二条对单位建立健全安全管理制度与实施,对可能引发社会安全事件问题掌握和处理,对可能发生的突发事件和采取安全防范措施情况的报告义务作出了具体规定。

"第二十二条　所有单位应当建立健全安全管理制度,定期检查本单位各项安全防范措施的落实情况,及时消除事故隐患;掌握并及时处理本单位存在的可能引发社会安全事件的问题,防止矛盾激化和事态扩大;对本单位可能发生的突发事件和采取安全防范措施的情况,应当按照规定及时向所在地人民政府或者人民政府有关部门报告。"

故此说法错误。

294.依据《中华人民共和国突发事件应对法》,突发事件,是指突然发生,造成或者可能造成严重社会危害,需要采取应急处置措施予以应对的自然灾害、事故灾难、公共卫生事件和社会安全事件。

正确答案:√

【试题解析】

《中华人民共和国突发事件应对法》第三条对突发事件的定义作出了具体规定。

"第三条　本法所称突发事件,是指突然发生,造成或者可能造成严重社会危害,需要采取应急处置措施予以应对的自然灾害、事故灾难、公共卫生事件和社会安全事件。

"……"

故此说法正确。

295.依据《中华人民共和国反恐怖主义法》,对航空器、列车、船舶、城市轨道车辆、公共电汽车等公共交通运输工具,营运单位应当依照规定配备安保人员和相应设备、设施,加强安全检查和保卫工作。

正确答案:√

【试题解析】

《中华人民共和国反恐怖主义法》第三十五条对公共交通运输工具的营运单位配备安保人员和相应设备、设施的义务作出了具体规定。

"第三十五条　对航空器、列车、船舶、城市轨道车辆、公共电汽车等公共交通运输工具,营运单位应当依照规定配备安保人员和相应设备、设施,加强安全检查和保卫工作。"

故此说法正确。

296.防范恐怖袭击重点目标的管理、营运单位违反《中华人民共和国反恐怖主义法》的规定,对公共交通运输工具未依照规定配备安保人员和相应设备、设施的,由公安机关给予警告,并责令改正;拒不改正的,处十万元以下罚款,并对其直接负责的主管人员和其他直接责任人员处一万元以下罚款。

正确答案:√

【试题解析】

《中华人民共和国反恐怖主义法》第八十八条对重点目标的管理、营运单位和大型活动承办单位违反本法有关规定的法律责任作出了具体规定。

"第八十八条　防范恐怖袭击重点目标的管理、营运单位违反本法规定,有下列情形之一的,由公安机关给予警告,并责令改正;拒不改正的,处十万元以下罚款,并对其直接负责的主管人员和其他直接责任人员处一万元以下罚款:

"(一)未制定防范和应对处置恐怖活动的预案、措施的;

"(二)未建立反恐怖主义工作专项经费保障制度,或者未配备防范和处置设备、设施的;

"(三)未落实工作机构或者责任人员的;

"(四)未对重要岗位人员进行安全背景审查,或者未将有不适合情形的人员调整工作岗位的;

"(五)对公共交通运输工具未依照规定配备安保人员和相应设备、设施的;

"(六)未建立公共安全视频图像信息系统值班监看、信息保存使用、运行维护等管理制度的。

"大型活动承办单位以及重点目标的管理单位未依照规定对进入大型活动场所、机场、火车站、码头、城市轨道交通站、公路长途客运站、口岸等重点目标的人员、物品和交通工具进行安全检查的,公安机关应当责令改正;拒不改正的,处十万元以下罚款,并对其直接负责的主管人员和其他直接责任人员处一万元以下罚款。"

故此说法正确。

297.《中华人民共和国反恐怖主义法》所称恐怖活动人员,是指实施恐怖活动的人和恐怖活动组织的成员。

**正确答案:**√

**【试题解析】**

《中华人民共和国反恐怖主义法》第三条对恐怖活动人员等定义作出了具体规定。

"第三条　本法所称恐怖主义,是指通过暴力、破坏、恐吓等手段,制造社会恐慌、危害公共安全、侵犯人身财产,或者胁迫国家机关、国际组织,以实现其政治、意识形态等目的的主张和行为。

"本法所称恐怖活动,是指恐怖主义性质的下列行为:

"(一)组织、策划、准备实施、实施造成或者意图造成人员伤亡、重大财产损失、公共设施损坏、社会秩序混乱等严重社会危害的活动的;

"(二)宣扬恐怖主义,煽动实施恐怖活动,或者非法持有宣扬恐怖主义的物品,强制他人在公共场所穿戴宣扬恐怖主义的服饰、标志的;

"(三)组织、领导、参加恐怖活动组织的;

"(四)为恐怖活动组织、恐怖活动人员、实施恐怖活动或者恐怖活动培训提供信息、资金、物资、劳务、技术、场所等支持、协助、便利的;

"(五)其他恐怖活动。

"本法所称恐怖活动组织,是指三人以上为实施恐怖活动而组成的犯罪组织。

"本法所称恐怖活动人员,是指实施恐怖活动的人和恐怖活动组织的成员。

"本法所称恐怖事件,是指正在发生或者已经发生的造成或者可能造成重大社会危害的恐怖活动。"

故此说法正确。

298.依据《中华人民共和国反恐怖主义法》,应对处置恐怖事件,应当优先保护直接受到恐怖活动危害、威胁人员的人身安全。

**正确答案:**√

**【试题解析】**

《中华人民共和国反恐怖主义法》第六十条对处置恐怖事件优先保护人身安全作出了具体规定。

"第六十条 应对处置恐怖事件,应当优先保护直接受到恐怖活动危害、威胁人员的人身安全。"

故此说法正确。

299.依据《中华人民共和国民法典》,民事主体的人身权利、财产权利以及其他合法权益受法律保护,任何组织或者个人不得侵犯。

**正确答案:**√

**【试题解析】**

《中华人民共和国民法典》第三条对民事主体的人身权利、财产权利以及其他合法权益受法律保护作出了具体规定。

"第三条 民事主体的人身权利、财产权利以及其他合法权益受法律保护,任何组织或者个人不得侵犯。"

故此说法正确。

300.依据《中华人民共和国民法典》,民事主体从事民事活动,不得违反法律,不得违背公序良俗。

**正确答案:**√

**【试题解析】**

《中华人民共和国民法典》第八条对民事主体从事民事活动的原则作出了具体规定。

"第八条 民事主体从事民事活动,不得违反法律,不得违背公序良俗。"

故此说法正确。

301.依据《中华人民共和国民法典》,承运人应当严格履行安全运输义务,及时告知旅客安全运输应当注意的事项。旅客对承运人为安全运输所作的合理安排应当积极协助和配合。

**正确答案:**√

**【试题解析】**

《中华人民共和国民法典》第八百一十九条对承运人、旅客的义务作出了具体规定。

"第八百一十九条 承运人应当严格履行安全运输义务,及时告知旅客安全运输应当注意的事项。旅客对承运人为安全运输所作的合理安排应当积极协助和配合。"

故此说法正确。

302.依据《中华人民共和国民法典》,承运人未按照约定路线或者通常路线运输增加票款或者运输费用的,旅客、托运人或者收货人可以拒绝支付增加部分的票款或者运输费用。

**正确答案**:√

**【试题解析】**

《中华人民共和国民法典》第八百一十三条对承运人未尽义务,旅客、托运人或者收货人的权利作出了规定。

"第八百一十三条 旅客、托运人或者收货人应当支付票款或者运输费用。承运人未按照约定路线或者通常路线运输增加票款或者运输费用的,旅客、托运人或者收货人可以拒绝支付增加部分的票款或者运输费用。"

故此说法正确。

303.依据《中华人民共和国民法典》,承运人应当按照有效客票记载的时间、班次和座位号运输旅客。承运人迟延运输或者有其他不能正常运输情形的,应当及时告知和提醒旅客,采取必要的安置措施,并根据旅客的要求安排改乘其他班次或者退票;由此造成旅客损失的,承运人应当承担赔偿责任,但是不可归责于承运人的除外。

**正确答案**:√

**【试题解析】**

《中华人民共和国民法典》第八百二十条对承运人的义务作出了具体规定。

"第八百二十条 承运人应当按照有效客票记载的时间、班次和座位号运输旅客。承运人迟延运输或者有其他不能正常运输情形的,应当及时告知和提醒旅客,采取必要的安置措施,并根据旅客的要求安排改乘其他班次或者退票;由此造成旅客损失的,承运人应当承担赔偿责任,但是不可归责于承运人的除外。"

故此说法正确。

304.依据《中华人民共和国民法典》,租赁期限届满,当事人可以续订租赁合同;但约定的租赁期限自续订之日起不得超过二十年。

**正确答案**:√

**【试题解析】**

《中华人民共和国民法典》第七百零五条对租赁期限等作出了具体规定。

"第七百零五条 租赁期限不得超过二十年。超过二十年的,超过部分无效。

"租赁期限届满,当事人可以续订租赁合同;但是,约定的租赁期限自续订之日起不得超过二十年。"

故此说法正确。

305.依据《中华人民共和国民法典》,出租人应当按照约定将租赁物交付承租人,并在租赁期限内保持租赁物符合约定的用途。

**正确答案**:√

【试题解析】

《中华人民共和国民法典》第七百零八条对出租人交付租赁物等义务作出了具体规定。

"第七百零八条 出租人应当按照约定将租赁物交付承租人,并在租赁期限内保持租赁物符合约定的用途。"

故此说法正确。

306.依据《中华人民共和国职业病防治法》,用人单位必须采用有效的职业病防护设施,并为劳动者提供个人使用的职业病防护用品。

正确答案:√

【试题解析】

《中华人民共和国职业病防治法》第二十二条对用人单位采用有效的职业病防护设施,并为劳动者提供个人使用的职业病防护用品的义务作出了规定。

"第二十二条 用人单位必须采用有效的职业病防护设施,并为劳动者提供个人使用的职业病防护用品。

"……"

故此说法正确。

307.依据《中华人民共和国职业病防治法》,对遭受或者可能遭受急性职业病危害的劳动者,用人单位应当及时组织救治、进行健康检查和医学观察,所需费用由用人单位和劳动者共同承担。

正确答案:×

【试题解析】

《中华人民共和国职业病防治法》第三十七条对用人单位对遭受或者可能遭受急性职业病危害的劳动者的及时组织救治等义务作出了具体规定。

"第三十七条……

"对遭受或者可能遭受急性职业病危害的劳动者,用人单位应当及时组织救治、进行健康检查和医学观察,所需费用由用人单位承担。"

故此说法错误。

308.依据《中华人民共和国职业病防治法》,用人单位应当依照法律、法规要求,严格遵守国家职业卫生标准,落实职业病预防措施,从源头上控制和消除职业病危害。

正确答案:√

【试题解析】

《中华人民共和国职业病防治法》第十四条对用人单位的职业病预防义务作出了具体规定。

"第十四条 用人单位应当依照法律、法规要求,严格遵守国家职业卫生标准,落实职业病预防措施,从源头上控制和消除职业病危害。"

故此说法正确。

309. 依据《中华人民共和国职业病防治法》,订立或者变更劳动合同时,未告知劳动者职业病危害真实情况的,由卫生行政部门责令限期改正,给予警告,可以并处五万元以上十万元以下的罚款。

**正确答案:√**

【试题解析】

《中华人民共和国职业病防治法》第七十一条对订立或者变更劳动合同时,未告知劳动者职业病危害真实情况等违法行为的法律责任作出了具体规定。

"第七十一条　用人单位违反本法规定,有下列行为之一的,由卫生行政部门责令限期改正,给予警告,可以并处五万元以上十万元以下的罚款:

"(一)未按照规定及时、如实向卫生行政部门申报产生职业病危害的项目的;

"(二)未实施由专人负责的职业病危害因素日常监测,或者监测系统不能正常监测的;

"(三)订立或者变更劳动合同时,未告知劳动者职业病危害真实情况的;

"(四)未按照规定组织职业健康检查、建立职业健康监护档案或者未将检查结果书面告知劳动者的;

"(五)未依照本法规定在劳动者离开用人单位时提供职业健康监护档案复印件的。"

故此说法正确。

310. 依据《中华人民共和国劳动法》,从事技术工种的劳动者,上岗前可以视情况参加培训。

**正确答案:×**

【试题解析】

《中华人民共和国劳动法》第六十八条对从事技术工种劳动者的岗前培训义务作出了规定。

"第六十八条　……

"从事技术工种的劳动者,上岗前必须经过培训。"

故此说法错误。

311. 依据《中华人民共和国劳动法》,各级人民政府应当把发展职业培训纳入社会经济发展的规划,鼓励和支持有条件的企业、事业组织、社会团体和个人进行各种形式的职业培训。

**正确答案:√**

【试题解析】

《中华人民共和国劳动法》第六十七条对政府把发展职业培训纳入社会经济发展的规划,鼓励职业培训等作出了具体规定。

"第六十七条　各级人民政府应当把发展职业培训纳入社会经济发展的规划,鼓励和支持有条件的企业、事业组织、社会团体和个人进行各种形式的职业培训。"

故此说法正确。

312. 依据《中华人民共和国劳动法》,用人单位应当建立职业培训制度,按照国家规定提取和使用职业培训经费,根据本单位实际,有计划地对劳动者进行职业培训。

正确答案:√

【试题解析】

《中华人民共和国劳动法》第六十八条对用人单位职业培训制度的建立和实施作出了具体规定。

"第六十八条 用人单位应当建立职业培训制度,按照国家规定提取和使用职业培训经费,根据本单位实际,有计划地对劳动者进行职业培训。

"……"

故此说法正确。

313.依据《中华人民共和国劳动法》,国家确定职业分类,并对规定的职业实行职业资格证书制度。

正确答案:√

【试题解析】

《中华人民共和国劳动法》第六十九条对国家确定职业分类,制定职业技能标准,实行职业资格证书制度,由考核鉴定机构负责对劳动者实施职业技能考核鉴定作出了规定。

"第六十九条 国家确定职业分类,对规定的职业制定职业技能标准,实行职业资格证书制度,由经备案的考核鉴定机构负责对劳动者实施职业技能考核鉴定。"

故此说法正确。

314.依据《中华人民共和国劳动法》,用人单位必须为劳动者提供符合国家规定的劳动安全卫生条件和必要的劳动防护用品,但无需对从事有职业危害作业的劳动者定期进行健康检查。

正确答案:×

【试题解析】

《中华人民共和国劳动法》第五十四条对用人单位为劳动者提供符合国家规定的劳动安全卫生条件和必要的劳动防护用品,对从事有职业危害作业的劳动者定期进行健康检查的义务作出了规定。

"第五十四条 用人单位必须为劳动者提供符合国家规定的劳动安全卫生条件和必要的劳动防护用品,对从事有职业危害作业的劳动者应当定期进行健康检查。"

故此说法错误。

315.依据《中华人民共和国治安管理处罚法》,扰乱公共汽车、电车、火车、船舶、航空器或者其他公共交通工具上的秩序的,处警告或者二百元以下罚款;情节较重的,处五日以上十日以下拘留,可以并处五百元以下罚款。

正确答案:√

【试题解析】

《中华人民共和国治安管理处罚法》第二十三条对扰乱公共汽车、电车、火车、船舶、航空器或者其他公共交通工具上秩序行为的法律责任作出了具体规定。

"第二十三条　有下列行为之一的,处警告或者二百元以下罚款;情节较重的,处五日以上十日以下拘留,可以并处五百元以下罚款:

"(一)扰乱机关、团体、企业、事业单位秩序,致使工作、生产、营业、医疗、教学、科研不能正常进行,尚未造成严重损失的;

"(二)扰乱车站、港口、码头、机场、商场、公园、展览馆或者其他公共场所秩序的;

"(三)扰乱公共汽车、电车、火车、船舶、航空器或者其他公共交通工具上的秩序的;

"(四)非法拦截或者强登、扒乘机动车、船舶、航空器以及其他交通工具,影响交通工具正常行驶的;

"(五)破坏依法进行的选举秩序的。

"聚众实施前款行为的,对首要分子处十日以上十五日以下拘留,可以并处一千元以下罚款。"

故此说法正确。

316. 依据《中华人民共和国治安管理处罚法》,非法携带枪支、弹药或者弩、匕首等国家规定的管制器具进入公共场所或者公共交通工具的,处五日以上十日以下拘留,可以并处五百元以下罚款。

**正确答案:**√

**【试题解析】**

《中华人民共和国治安管理处罚法》第三十二条对非法携带枪支、弹药或者弩、匕首等国家规定的管制器具行为的法律责任作出了具体规定。

"第三十二条　……

"非法携带枪支、弹药或者弩、匕首等国家规定的管制器具进入公共场所或者公共交通工具的,处五日以上十日以下拘留,可以并处五百元以下罚款。"

故此说法正确。

317. 伪造、变造、倒卖车票、船票、航空客票、文艺演出票、体育比赛入场券或者其他有价票证、凭证的,构成违反《中华人民共和国治安管理处罚法》的行为,需要承担相应的法律责任。

**正确答案:**√

**【试题解析】**

《中华人民共和国治安管理处罚法》第五十二条对伪造、变造、倒卖车票、船票、航空客票、文艺演出票、体育比赛入场券或者其他有价票证、凭证行为的法律责任作出了具体规定。

"第五十二条　有下列行为之一的,处十日以上十五日以下拘留,可以并处一千元以下罚款;情节较轻的,处五日以上十日以下拘留,可以并处五百元以下罚款:

"(一)伪造、变造或者买卖国家机关、人民团体、企业、事业单位或者其他组织的公文、

证件、证明文件、印章的;

"(二)买卖或者使用伪造、变造的国家机关、人民团体、企业、事业单位或者其他组织的公文、证件、证明文件的;

"(三)伪造、变造、倒卖车票、船票、航空客票、文艺演出票、体育比赛入场券或者其他有价票证、凭证的;

"(四)伪造、变造船舶户牌,买卖或者使用伪造、变造的船舶户牌,或者涂改船舶发动机号码的。"

故此说法正确。

318.依据《中华人民共和国治安管理处罚法》,写恐吓信或者以其他方法威胁他人人身安全的,处五日以下拘留或者五百元以下罚款;情节较重的,处五日以上十日以下拘留,可以并处五百元以下罚款。

正确答案:√

【试题解析】

《中华人民共和国治安管理处罚法》第四十二条对写恐吓信或者以其他方法威胁他人人身安全行为的法律责任作出了具体规定。

"第四十二条 有下列行为之一的,处五日以下拘留或者五百元以下罚款;情节较重的,处五日以上十日以下拘留,可以并处五百元以下罚款:

"(一)写恐吓信或者以其他方法威胁他人人身安全的;

"(二)公然侮辱他人或者捏造事实诽谤他人的;

"(三)捏造事实诬告陷害他人,企图使他人受到刑事追究或者受到治安管理处罚的;

"(四)对证人及其近亲属进行威胁、侮辱、殴打或者打击报复的;

"(五)多次发送淫秽、侮辱、恐吓或者其他信息,干扰他人正常生活的;

"(六)偷窥、偷拍、窃听、散布他人隐私的。"

故此说法正确。

319.依据《生产安全事故报告和调查处理条例》,只有特别重大事故应逐级上报至国务院安全生产监督管理部门和负有安全生产监督管理职责的有关部门。

正确答案:×

【试题解析】

《生产安全事故报告和调查处理条例》第十条对安全生产监督管理部门和负有安全生产监督管理职责有关部门接到事故报告后的上报和通知职责作出了具体规定。

"第十条 安全生产监督管理部门和负有安全生产监督管理职责的有关部门接到事故报告后,应当依照下列规定上报事故情况,并通知公安机关、劳动保障行政部门、工会和人民检察院:

"(一)特别重大事故、重大事故逐级上报至国务院安全生产监督管理部门和负有安全生产监督管理职责的有关部门;

"(二)较大事故逐级上报至省、自治区、直辖市人民政府安全生产监督管理部门和负有安全生产监督管理职责的有关部门;

"(三)一般事故上报至设区的市级人民政府安全生产监督管理部门和负有安全生产监督管理职责的有关部门。

"安全生产监督管理部门和负有安全生产监督管理职责的有关部门依照前款规定上报事故情况,应当同时报告本级人民政府。国务院安全生产监督管理部门和负有安全生产监督管理职责的有关部门以及省级人民政府接到发生特别重大事故、重大事故的报告后,应当立即报告国务院。

"必要时,安全生产监督管理部门和负有安全生产监督管理职责的有关部门可以越级上报事故情况。"

故此说法错误。

320. 依据《生产安全事故报告和调查处理条例》,事故发生后,事故现场有关人员应当立即向本单位负责人报告,单位负责人接到报告后,应当于1小时内向事故生地县级以上人民政府安全生产监督管理部门和负有安全生产监督管理职责的有关部门报告。

**正确答案:√**

**【试题解析】**

《生产安全事故报告和调查处理条例》第九条对事故现场有关人员和单位负责人的报告义务作出了具体规定。

"第九条　事故发生后,事故现场有关人员应当立即向本单位负责人报告;单位负责人接到报告后,应当于1小时内向事故发生地县级以上人民政府安全生产监督管理部门和负有安全生产监督管理职责的有关部门报告。

"……"

故此说法正确。

321. 依据《生产安全事故报告和调查处理条例》,发生安全事故遇紧急情况时,事故现场有关人员无权直接向事故发生地县级以上人民政府安全生产监督管理部门和负有安全生产监督管理职责的有关部门报告。

**正确答案:×**

**【试题解析】**

《生产安全事故报告和调查处理条例》第九条对事故现场有关人员的报告权作出了具体规定。

"第九条　……

"情况紧急时,事故现场有关人员可以直接向事故发生地县级以上人民政府安全生产监督管理部门和负有安全生产监督管理职责的有关部门报告。"

故此说法错误。

322. 依据《生产安全事故报告和调查处理条例》,道路交通事故、火灾事故自发生之日起

7 日内,事故造成的伤亡人数发生变化的,应当及时补报。

正确答案:√

【试题解析】

《生产安全事故报告和调查处理条例》第十三条对事故报告后的补报作出了具体规定。

"第十三条　事故报告后出现新情况的,应当及时补报。

"自事故发生之日起 30 日内,事故造成的伤亡人数发生变化的,应当及时补报。道路交通事故、火灾事故自发生之日起 7 日内,事故造成的伤亡人数发生变化的,应当及时补报。"

故此说法正确。

323.依据《生产安全事故报告和调查处理条例》,重大事故由国务院或者国务院授权有关部门组织事故调查组进行调查。

正确答案:×

【试题解析】

《生产安全事故报告和调查处理条例》第十九条对事故调查主体作出了具体规定。

"第十九条　特别重大事故由国务院或者国务院授权有关部门组织事故调查组进行调查。

"重大事故、较大事故、一般事故分别由事故发生地省级人民政府、设区的市级人民政府、县级人民政府负责调查。省级人民政府、设区的市级人民政府、县级人民政府可以直接组织事故调查组进行调查,也可以授权或者委托有关部门组织事故调查组进行调查。未造成人员伤亡的一般事故,县级人民政府也可以委托事故发生单位组织事故调查组进行调查。"

故此说法错误。

324.依据《生产安全事故应急条例》,人员密集场所和生产规模较小的生产经营单位,可以不建立应急救援队伍。

正确答案:×

【试题解析】

《生产安全事故应急条例》第十条对有关生产经营单位建立应急救援队伍、指定兼职的应急救援人员等义务作出了具体规定。

"第十条　易燃易爆物品、危险化学品等危险物品的生产、经营、储存、运输单位,矿山、金属冶炼、城市轨道交通运营、建筑施工单位,以及宾馆、商场、娱乐场所、旅游景区等人员密集场所经营单位,应当建立应急救援队伍;其中,小型企业或者微型企业等规模较小的生产经营单位,可以不建立应急救援队伍,但应当指定兼职的应急救援人员,并且可以与邻近的应急救援队伍签订应急救援协议。

"……"

故此说法错误。

325.依据《生产安全事故应急条例》,工业园区、开发区等产业聚集区域内的生产经营单位,可以联合建立应急救援队伍。

**正确答案:√**

**【试题解析】**

《生产安全事故应急条例》第十条对工业园区、开发区等产业聚集区域内的生产经营单位,可以联合建立应急救援队伍作出了规定。

"第十条　……

"工业园区、开发区等产业聚集区域内的生产经营单位,可以联合建立应急救援队伍。"

故此说法正确。

326.依据《生产安全事故应急条例》,发生生产安全事故后,生产经营单位应当上报相关部门,经审批后启动生产安全事故应急救援预案。

**正确答案:×**

**【试题解析】**

《生产安全事故应急条例》第十七条对作出了具体规定。

"第十七条　发生生产安全事故后,生产经营单位应当立即启动生产安全事故应急救援预案,采取下列一项或者多项应急救援措施,并按照国家有关规定报告事故情况:

"(一)迅速控制危险源,组织抢救遇险人员;

"(二)根据事故危害程度,组织现场人员撤离或者采取可能的应急措施后撤离;

"(三)及时通知可能受到事故影响的单位和人员;

"(四)采取必要措施,防止事故危害扩大和次生、衍生灾害发生;

"(五)根据需要请求邻近的应急救援队伍参加救援,并向参加救援的应急救援队伍提供相关技术资料、信息和处置方法;

"(六)维护事故现场秩序,保护事故现场和相关证据;

"(七)法律、法规规定的其他应急救援措施。"

故此说法错误。

327.《中共中央　国务院关于推进安全生产领域改革发展的意见》中指出,企业要定期开展风险评估和危害辨识。针对高危工艺、设备、物品、场所和岗位,建立分级管控制度,制定落实安全操作规程。树立隐患就是事故的观念,建立健全隐患排查治理制度、重大隐患治理情况向负有安全生产监督管理职责的部门和企业职代会"双报告"制度,实行自查自改自报闭环管理。严格执行安全生产和职业健康"三同时"制度。大力推进企业安全生产标准化建设,实现安全管理、操作行为、设备设施和作业环境的标准化。

**正确答案:√**

**【试题解析】**

《中共中央　国务院关于推进安全生产领域改革发展的意见》第五条"建立安全预防控制体系"中第二十一款"强化企业预防措施"对强化企业预防措施作出了具体规定。

"(二十一)强化企业预防措施企业要定期开展风险评估和危害辨识。针对高危工艺、设备、物品、场所和岗位,建立分级管控制度,制定落实安全操作规程。树立隐患就是事故的观念,建立健全隐患排查治理制度、重大隐患治理情况向负有安全生产监督管理职责的部门和企业职代会'双报告'制度,实行自查自改自报闭环管理。严格执行安全生产和职业健康'三同时'制度。大力推进企业安全生产标准化建设,实现安全管理、操作行为、设备设施和作业环境的标准化。开展经常性的应急演练和人员避险自救培训,着力提升现场应急处置能力。"

故此说法正确。

328.《中共中央 国务院关于推进安全生产领域改革发展的意见》中指出,企业对本单位安全生产和职业健康工作负部分责任,要严格履行安全生产法定责任,建立健全自我约束、持续改进的内生机制。

**正确答案:×**

**【试题解析】**

《中共中央 国务院关于推进安全生产领域改革发展的意见》第二条"健全落实安全生产责任制"中第六款"严格落实企业主体责任"对企业主体责任落实作出了具体规定。

"(六)严格落实企业主体责任企业对本单位安全生产和职业健康工作负全面责任,要严格履行安全生产法定责任,建立健全自我约束、持续改进的内生机制。企业实行全员安全生产责任制度,法定代表人和实际控制人同为安全生产第一责任人,主要技术负责人负有安全生产技术决策和指挥权,强化部门安全生产职责,落实一岗双责。完善落实混合所有制企业以及跨地区、多层级和境外中资企业投资主体的安全生产责任。建立企业全过程安全生产和职业健康管理制度,做到安全责任、管理、投入、培训和应急救援'五到位'。国有企业要发挥安全生产工作示范带头作用,自觉接受属地监管。"

故此说法错误。

329. 依据《生产安全事故应急预案管理办法》,生产经营单位风险种类多、可能发生多种类型事故的,应当组织编制综合应急预案。

**正确答案:√**

**【试题解析】**

《生产安全事故应急预案管理办法》第十三条对生产经营单位组织编制综合应急预案作出了具体规定。

"第十三条 生产经营单位风险种类多、可能发生多种类型事故的,应当组织编制综合应急预案。

"综合应急预案应当规定应急组织机构及其职责、应急预案体系、事故风险描述、预警及信息报告、应急响应、保障措施、应急预案管理等内容。"

故此说法正确。

330. 依据《交通运输突发事件应急管理规定》,交通运输企业应当将本单位应急装备、应急物资、运力储备和应急队伍的实时情况及时报所在地交通运输主管部门备案。

**正确答案：**√

**【试题解析】**

《交通运输突发事件应急管理规定》第十六条对交通运输主管部门、交通运输企业对应急装备、应急物资、运力储备和应急队伍及时备案作出了具体规定。

"第十六条　交通运输主管部门应当将本辖区内应急装备、应急物资、运力储备和应急队伍的实时情况及时报上级交通运输主管部门和本级人民政府备案。

"交通运输企业应当将本单位应急装备、应急物资、运力储备和应急队伍的实时情况及时报所在地交通运输主管部门备案。"

故此说法正确。

331.依据《交通运输突发事件应急管理规定》，交通运输企业应当按照所在地交通运输主管部门制定的交通运输突发事件应急预案，制定本单位交通运输突发事件应急预案。

**正确答案：**√

**【试题解析】**

《交通运输突发事件应急管理规定》第七条对交通运输企业制定本单位交通运输突发事件应急预案的义务作出了具体规定。

"第七条　……

"交通运输企业应当按照所在地交通运输主管部门制定的交通运输突发事件应急预案，制定本单位交通运输突发事件应急预案。"

故此说法正确。

332.依据《交通运输突发事件应急管理规定》，因应急处置工作需要被征用的交通运输工具、装备和物资在使用完毕应当及时返还。交通运输工具、装备、物资被征用或者征用后毁损、灭失的，无须按照相关法律法规予以补偿。

**正确答案：**×

**【试题解析】**

《交通运输突发事件应急管理规定》第四十二条对因应急处置工作需要被征用的交通运输工具、装备和物资返还及补偿作出了具体规定。

"第四十二条　规定因应急处置工作需要被征用的交通运输工具、装备和物资在使用完毕应当及时返还。交通运输工具、装备、物资被征用或者征用后毁损、灭失的，应当按照相关法律法规予以补偿。"

故此说法错误。

333.依据《企业安全生产费用提取和使用管理办法》，企业提取的安全费用无须专户核算，但需按规定范围安排使用，不得挤占、挪用。年度结余资金结转下年度使用，当年计提安全费用不足的，超出部分按正常成本费用渠道列支。

**正确答案：**×

【试题解析】

《企业安全生产费用提取和使用管理办法》第四十七条对企业提取的安全生产费用支出作出了具体规定。

"第四十七条 企业提取的安全生产费用从成本(费用)中列支并专项核算。符合本办法规定的企业安全生产费用支出应当取得发票、收据、转账凭证等真实凭证。

"本企业职工薪酬、福利不得从企业安全生产费用中支出。企业从业人员发现报告事故隐患的奖励支出从企业安全生产费用中列支。

"企业安全生产费用年度结余资金结转下年度使用。企业安全生产费用出现赤字(即当年计提企业安全生产费用加上年初结余小于年度实际支出)的,应当于年末补提企业安全生产费用。"

故此说法错误。

334. 依据《机关、团体、企业、事业单位消防安全管理规定》,消防安全管理人应当定期向消防安全责任人报告消防安全情况,及时报告涉及消防安全的重大问题。

正确答案:√

【试题解析】

《机关、团体、企业、事业单位消防安全管理规定》第七条对消防安全管理人的报告义务作出了具体规定。

"第七条 消防安全管理人应当定期向消防安全责任人报告消防安全情况,及时报告涉及消防安全的重大问题。未确定消防安全管理人的单位,前款规定的消防安全管理工作由单位消防安全责任人负责实施。"

故此说法正确。

335. 依据《机关、团体、企业、事业单位消防安全管理规定》,未确定消防安全管理人的单位,消防安全管理工作由单位消防安全责任人负责实施。

正确答案:√

【试题解析】

《机关、团体、企业、事业单位消防安全管理规定》第七条对消防安全管理人的报告义务作出了具体规定。

"第七条 消防安全管理人应当定期向消防安全责任人报告消防安全情况,及时报告涉及消防安全的重大问题。未确定消防安全管理人的单位,前款规定的消防安全管理工作由单位消防安全责任人负责实施。"

故此说法正确。

336. 依据《机关、团体、企业、事业单位消防安全管理规定》,机关、团体、事业单位应当至少每季度进行一次防火检查,其他单位应当至少每两个月进行一次防火检查。

正确答案:×

【试题解析】

《机关、团体、企业、事业单位消防安全管理规定》第二十六条对机关、团体、事业单位、其他单位的防火检查作出了具体规定。

"第二十六条　机关、团体、事业单位应当至少每季度进行一次防火检查,其他单位应当至少每月进行一次防火检查,检查的内容应当包括:

"(一)火灾隐患的整改情况以及防范措施的落实情况;

"(二)安全疏散通道、疏散指示标志、应急照明和安全出口情况;

"(三)消防车通道、消防水源情况;

"(四)灭火器材配置及有效情况;

"(五)用火、用电有无违章情况;

"(六)重点工种人员以及其他员工消防知识的掌握情况;

"(七)消防安全重点部位的管理情况;

"(八)易燃易爆危险物品和场所防火防爆措施的落实情况以及其他重要物资的防火安全情况;

"(九)消防(控制室)值班情况和设施运行、记录情况;

"(十)防火巡查情况;

"(十一)消防安全标志的设置情况和完好、有效情况;

"(十二)其他需要检查的内容。防火检查应当填写检查记录。

"检查人员和被检查部门负责人应当在检查记录上签名。"

故此说法错误。

337.根据《交通运输企业安全生产标准化建设基本规范　第1部分:总体要求》,安全生产标准化的建立过程,包括初始评估、策划、培训、自评(检查)、改进与提高六个阶段。

**正确答案:×**

**【试题解析】**

《交通运输企业安全生产标准化建设基本规范　第1部分:总体要求》(JT/T 1180.1—2018)4.2建立、保持与改进下的4.2.1对安全生产标准化的建立过程作出了具体规定。

"4.2　建立、保持与改进

"4.2.1　安全生产标准化的建立过程,包括初始评估、策划、培训、实施、自评(检查)、改进与提高六个阶段。"

故此说法错误。

338.依据《最高人民法院、最高人民检察院关于办理危害生产安全刑事案件适用法律若干问题的解释》,重大责任事故罪的犯罪主体,包括对生产、作业负有组织、指挥或者管理职责的负责人、管理人员、实际控制人、投资人等人员,以及直接从事生产、作业的人员。

**正确答案:√**

**【试题解析】**

《最高人民法院最高人民检察院关于办理危害生产安全刑事案件适用法律若干问题的

解释》(法释〔2015〕22号)第一条对刑法第一百三十四条第一款规定的犯罪主体作出了具体规定。

"第一条 刑法第一百三十四条第一款规定的犯罪主体,包括对生产、作业负有组织、指挥或者管理职责的负责人、管理人员、实际控制人、投资人等人员,以及直接从事生产、作业的人员。"

故此说法正确。

339. 依据《中华人民共和国安全生产法》,城市客运企业应当设置安全生产管理机构或者配备专职安全生产管理人员进行日常的安全生产管理工作。

**正确答案:**√

**【试题解析】**

《中华人民共和国安全生产法》第二十四条规定:"矿山、金属冶炼、建筑施工、运输单位和危险物品的生产、经营、储存、装卸单位,应当设置安全生产管理机构或者配备专职安全生产管理人员。城市客运企业属于运输单位,应当设置安全生产管理机构或者配备专职安全生产管理人员。"

故本题正确。

340. 依据《中华人民共和国安全生产法》,城市客运企业的主要负责人在本单位发生生产安全事故时,不立即组织抢救或者在事故调查处理期间擅离职守或者逃匿的,给予降级、撤职的处分。

**正确答案:**√

**【试题解析】**

《中华人民共和国安全生产法》第一百一十条明确规定了生产经营单位主要负责人在本单位发生生产安全事故时,不立即组织抢救或者在事故调查处理期间擅离职守或者逃匿的,应承担的法律责任。

"第一百一十条 生产经营单位的主要负责人在本单位发生生产安全事故时,不立即组织抢救或者在事故调查处理期间擅离职守或者逃匿的,给予降级、撤职的处分,并由应急管理部门处上一年年收入百分之六十至百分之一百的罚款;对逃匿的处十五日以下拘留;构成犯罪的,依照刑法有关规定追究刑事责任。

"生产经营单位的主要负责人对生产安全事故隐瞒不报、谎报或者迟报的,依照前款规定处罚。"

根据条款原文,此说法正确。

341. 依据《中华人民共和国安全生产法》,安全生产责任包含了两方面的意义:一是指分内应做的安全工作,恪尽职守;二是指没有做好自己的安全生产工作,而应承担的不利后果或强制性义务。

**正确答案:**√

**【试题解析】**

责任一是指分内应该做好的事,如履行职责、应尽义务、承担责任等。二是指如果没有做好自己工作,而应承担的不利后果或强制性义务,如担负责任、承担后果等。故本说法正确。

342.依据《中华人民共和国安全生产法》,安全生产管理人员未履行本法规规定的安全生产管理职责而导致发生安全生产事故的,暂停或撤销其与安全生产有关的资格。

正确答案:√

【试题解析】

《中华人民共和国安全生产法》第九十六条明确规定了安全生产管理人员未履行本法规规定的安全生产管理职责而导致发生安全生产事故应追究的责任。

"第九十六条　生产经营单位的其他负责人和安全生产管理人员未履行本法规定的安全生产管理职责的,责令限期改正,处一万元以上三万元以下的罚款;导致发生生产安全事故的,暂停或者吊销其与安全生产有关的资格,并处上一年年收入百分之二十以上百分之五十以下的罚款;构成犯罪的,依照刑法有关规定追究刑事责任。"

故本说法正确。

343.依据《中华人民共和国职业病防治法》,用人单位必须采用有效的职业病防护设施,并为劳动者提供个人使用的职业病防护用品。

正确答案:√

【试题解析】

《中华人民共和国职业病防治法》第二十二条明确规定:"用人单位必须采用有效的职业病防护设施,并为劳动者提供个人使用的职业病防护用品。"

故本说法正确。

344.依据《中华人民共和国安全生产法》,城市客运企业安全生产责任制不包括管理科室及其负责人的安全生产责任、目标及考核标准。

正确答案: ×

【试题解析】

《中华人民共和国安全生产法》第二十二条明确规定:"生产经营单位的全员安全生产责任制应当明确各岗位的责任人员、责任范围和考核标准等内容。

"生产经营单位应当建立相应的机制,加强对全员安全生产责任制落实情况的监督考核,保证全员安全生产责任制的落实。"因此,各个科室及岗位都应负有安全生产责任、目标及考核标准,故此说法错误。

345.依据《中华人民共和国安全生产法》,城市客运企业可委托对外开展安全生产教育培训业务的机构开展从业人员的安全生产教育培训。

正确答案:√

【试题解析】

《生产经营单位安全培训规定》第二十条要求:具备安全培训条件的生产经营单位,应当以自主培训为主;可以委托具备安全培训条件的机构,对从业人员进行安全培训。不具备安全培训条件的生产经营单位,应当委托具备安全培训条件的机构,对从业人员进行安全培训。生产经营单位委托其他机构进行安全培训的,保证安全培训的责任仍由本单位负责。

故本题正确。

346.依据《中华人民共和国安全生产法》,安全生产目标包括行车事故指标和管理职能指标。

正确答案:√

【试题解析】

安全生产目标是指生产安全事故控制指标(事故负伤率及各类安全生产事故发生率)、安全生产隐患治理目标、安全生产、文明施工管理目标。减少和控制危害,减少和控制事故,尽量避免生产过程中由于事故造成的人身伤害、财产损失、环境污染以及其他损失。

因此本题正确。

347.城市客运企业安全生产管理人员必须具有大专以上学历。

正确答案:×

【试题解析】

《中华人民共和国安全生产法》第二十七条第一款要求:"生产经营单位的主要负责人和安全生产管理人员必须具备与本单位所从事的生产经营活动相应的安全生产知识和管理能力。"对安全生产管理人员的学历并无要求,因此本说法错误。

348.城市客运企业安全生产管理机构或下属分支机构每月至少召开一次安全工作例会。

正确答案:√

【试题解析】

《交通运输企业安全生产标准化建设基本规范 第1部分:总体要求》(JT/T 1180.1—2018)5.2.1.3要求:"企业应定期召开安全生产委员会或安全生产领导小组会议。安全生产管理机构或下属分支机构每月至少召开一次安全工作例会。"

根据条款原文,本说法正确。

349.城市客运企业安全管理部门至少每月召开一次安全工作例会,总结安全生产存在的问题,对安全生产工作进行部署,对从业人员进行安全教育。

正确答案:√

【试题解析】

《交通运输企业安全生产标准化建设基本规范 第1部分:总体要求》(JT/T 1180.1—2018)5.2.1.3要求:"企业应定期召开安全生产委员会或安全生产领导小组会议。安全生产管理机构或下属分支机构每月至少召开一次安全工作例会。"根据条款原文,本说法正确。

350.在安全生产规章制度体系中,行车安全管理制度属于设备设施安全管理制度。

正确答案:×

【试题解析】

安全生产规章制度体系分为综合安全管理制度、设备设施安全管理制度、环境安全管理制度及人员安全管理制度。其中行车安全管理制度属于综合安全管理制度。故本题错误。

351. 略。

352. 城市客运企业应当与各分支机构层层签订安全生产目标责任书,制定明确的考核指标,定期考核并公布考核结果及奖惩情况。

正确答案:√

【试题解析】

《交通运输企业安全生产标准化建设基本规范　第1部分:总体要求》(JT/T 1180.1—2018)要求如下。

"5.3.1.1　企业应建立安全生产责任制,明确安全生产委员会(或安全生产领导小组)、安全生产管理机构、各职能部门、生产基层单位的安全生产职责,层层签订安全生产责任书,并落实到位。"

"5.1.6　企业应建立安全生产目标考核与奖惩的相关制度,并定期对安全生产目标完成情况予以考核与奖惩。"

故此说法正确。

353. 依据《中华人民共和国安全生产法》,未经安全生产教育和培训合格的城市客运从业人员,可先上岗作业,待熟悉工作后进行安全生产教育和培训。

正确答案:×

【试题解析】

《中华人民共和国安全生产法》第二十八条明确规定:"未经安全生产教育和培训合格的从业人员,不得上岗作业。"

故此题错误。

354. 依据《中华人民共和国安全生产法》,生产经营单位主要负责人不履行安全生产管理职责,可处以一万元以上三万元以下罚款。

正确答案:×

【试题解析】

《中华人民共和国安全生产法》第九十四条规定:"生产经营单位的主要负责人未履行本法规定的安全生产管理职责的,责令限期改正,处二万元以上五万元以下的罚款;逾期未改正的,处五万元以上十万元以下的罚款,责令生产经营单位停产停业整顿。"依据条款原文,本说法错误。

355. 依据《中华人民共和国安全生产法》,城市客运企业安全管理部门负责人是本单位安全生产第一责任人,对本单位的安全生产工作全面负责。

正确答案:×

【试题解析】

《中华人民共和国安全生产法》第五条明确了生产经营单位的主要负责人及其他负责人对本单位安全生产工作的职责。

"第五条　生产经营单位的主要负责人是本单位安全生产第一责任人,对本单位的安全生产工作全面负责。其他负责人对职责范围内的安全生产工作负责。"

题目中所述企业安全管理部门负责人是第一责任人,故此说法错误。

356. 依据《中华人民共和国安全生产法》,某城市客运企业仅有 10 名从业人员,不必配备安全生产管理人员。

正确答案:×

【试题解析】

《中华人民共和国安全生产法》第二十四条明确要求:"矿山、金属冶炼、建筑施工、运输单位和危险物品的生产、经营、储存、装卸单位,应当设置安全生产管理机构或者配备专职安全生产管理人员。"城市客运企业属于运输单位,故本说法错误。

357. 依据《中华人民共和国安全生产法》,城市客运企业使用被派遣劳动者的,不必当将被派遣劳动者纳入本单位从业人员统一管理,应由劳务派遣单位对被派遣劳动者进行必要的安全生产教育和培训。

正确答案:×

【试题解析】

《中华人民共和国安全生产法》第二十八条明确规定:"生产经营单位使用被派遣劳动者的,应当将被派遣劳动者纳入本单位从业人员统一管理,对被派遣劳动者进行岗位安全操作规程和安全操作技能的教育和培训。劳务派遣单位应当对被派遣劳动者进行必要的安全生产教育和培训。"

故此题错误。

358. 根据《交通运输企业安全生产标准化建设基本规范　第 1 部分:总体要求》,城市客运企业安全生产目标考核包括自我检查和上级检查两种。

正确答案:√

【试题解析】

安全目标在实践过程中和完成后,都要对各项目完成的情况进行检查。检查是评价、考核的前提,是实现目标的手段。检查方式有自我检查和上级检查两种。自我检查可随时进行,上级检查一般是在目标完成后,结合各种大检查、半年或年终工作总结等活动进行。

《交通运输企业安全生产标准化建设基本规范　第 1 部分:总体要求》(JT/T 1180.1—2018)5.1.2 要求:"企业应根据安全生产目标制定可考核的安全生产工作指标,指标应不低于上级下达的目标。"

故本题正确。

359. 依据《中华人民共和国职业病防治法》,在安全生产规章制度体系中,职业健康管理制度属于环境安全管理制度。

**正确答案**:√

【试题解析】

在安全生产规章制度体系中,环境安全管理制度包括安全标志管理制度、作业环境管理制度、职业健康管理制度,故本题正确。

360. 依据《生产安全事故报告和调查处理条例》,发生重大事故应逐级上报至省、自治区、直辖市人民政府安全生产监督管理部门和负有安全生产监督管理职责的有关部门。

**正确答案**:×

【试题解析】

《生产安全事故报告和调查处理条例》第十条规定:"特别重大事故、重大事故逐级上报至国务院安全生产监督管理部门和负有安全生产监督管理职责的有关部门。"故本说法错误。

361. 依据《生产安全事故报告和调查处理条例》,事故发生单位负责人接到事故报告后应立即向事发地主管机关进行报告,等待地方人民政府和安全生产监督管理部门组织救援,不得擅自采取应急处置。

**正确答案**:×

【试题解析】

《生产安全事故报告和调查处理条例》第九条规定:"事故发生后,事故现场有关人员应当立即向本单位负责人报告;单位负责人接到报告后,应当于 1 小时内向事故发生地县级以上人民政府安全生产监督管理部门和负有安全生产监督管理职责的有关部门报告。"

故本说法错误。

362. 依据《中共中央　国务院关于推进安全生产领域改革发展的意见》,企业是安全生产的责任主体,应当充分认识安全生产的重要性,牢固树立安全生产的责任意识。

**正确答案**:√

【试题解析】

《中共中央　国务院关于推进安全生产领域改革发展的意见》第六条"严格落实企业主体责任"规定:"企业对本单位安全生产和职业健康工作负全面责任,要严格履行安全生产法定责任,建立健全自我约束、持续改进的内生机制。企业实行全员安全生产责任制度,法定代表人和实际控制人同为安全生产第一责任人,主要技术负责人负有安全生产技术决策和指挥权,强化部门安全生产职责,落实一岗双责。"

故本说法正确。

363. 依据《中华人民共和国安全生产法》,某小型城市客运企业,拥有从业人员 80 人,则该企业应当配备专职或者兼职的安全生产管理人员。

**正确答案**:√

**【试题解析】**

《中华人民共和国安全生产法》第二十四条要求:"矿山、金属冶炼、建筑施工、运输单位和危险物品的生产、经营、储存、装卸单位,应当设置安全生产管理机构或者配备专职安全生产管理人员。"

故本说法正确。

364.依据《中共中央 国务院关于推进安全生产领域改革发展的意见》,企业对本单位安全生产和职业健康工作负全面责任,要严格履行安全生产法定责任,建立健全自我约束、持续改进的内生机制。

**正确答案:**√

**【试题解析】**

《中共中央 国务院关于推进安全生产领域改革发展的意见》第六条"严格落实企业主体责任"规定:"企业对本单位安全生产和职业健康工作负全面责任,要严格履行安全生产法定责任,建立健全自我约束、持续改进的内生机制……"

根据条款原文,故本说法正确。

365.根据《生产安全事故应急演练基本规范》,应急演练实施过程中,只要获得实效,无须安排专门人员采用文字、照片和音像等手段记录演练过程。

**正确答案:**×

**【试题解析】**

《生产安全事故应急演练基本规范》7.5要求:"演练实施过程中,安排专门人员采用文字、照片和音像手段记录演练过程。"

故本说法错误。

366.应急活动一般划分为应急准备、初级响应和应急恢复三个阶段。

**正确答案:**×

**【试题解析】**

应急活动一般划分为应急准备、初级响应、扩大应急和应急恢复四个阶段,故本说法错误。

367.依据《中华人民共和国职业病防治法》,对遭受或者可能遭受急性职业病危害的劳动者,用人单位应当及时组织救治、进行健康检查和医学观察,所需费用由用人单位承担。

**正确答案:**√

**【试题解析】**

《中华人民共和国职业病防治法》第三十七条第二款规定:"对遭受或者可能遭受急性职业病危害的劳动者,用人单位应当及时组织救治、进行健康检查和医学观察,所需费用由用人单位承担。"

故本说法正确。

368.依据《中华人民共和国安全生产法》,企业党办、宣传、团委等非业务部门不承担安全生产责任,所以不需要签订安全生产责任书。

正确答案：×

【试题解析】

《中华人民共和国安全生产法》第四条要求建立全员安全生产责任制，第二十二条要求生产经营单位的全员安全生产责任制应当明确各岗位的责任人员、责任范围和考核标准等内容。

《交通运输企业安全生产标准化建设基本规范 第1部分：总体要求》(JT/T 1180.1—2018)5.3.1.1要求企业应建立安全生产责任制，明确安全生产委员会(或安全生产领导小组)、安全生产管理机构、各职能部门、生产基层单位的安全生产职责，层层签订安全生产责任书，并落实到位。

因此，非业务部门也承担安全生产责任，故本说法错误。

369.依据《中华人民共和国安全生产法》，依据相关法规，企业既要为安全生产管理人员依法履行职责提供便利，同时也要督促其依法履行职责。

正确答案：√

【试题解析】

《中华人民共和国安全生产法释义》中讲到安全生产管理人员应当依法履行安全生产管理职责，生产经营单位也要为安全生产管理人员依法履行职责提供便利，同时也要督促其依法履行职责。

故本说法正确。

370.依据《中华人民共和国安全生产法》，安全生产工作应当以人为本，坚持安全发展，强化和落实生产经营单位的主体责任，建立生产经营单位负责、职工参与、政府监管、行业自律和社会监督的机制。

正确答案：√

【试题解析】

《中华人民共和国安全生产法》第三条第二款明确要求："安全生产工作实行管行业必须管安全、管业务必须管安全、管生产经营必须管安全，强化和落实生产经营单位主体责任与政府监管责任，建立生产经营单位负责、职工参与、政府监管、行业自律和社会监督的机制。"

故本说法正确。

371.依据《中华人民共和国安全生产法》，从业人员超过一百人的生产经营单位，应当设置安全生产管理机构或者配备专职安全生产管理人员。

正确答案：√

【试题解析】

《中华人民共和国安全生产法》第二十四条第二款规定："除矿山、金属冶炼、建筑施工、运输单位和危险物品的生产、经营、储存、装卸单位外，从业人员超过一百人的，应当设置安全生产管理机构或者配备专职安全生产管理人员；从业人员在一百人以下的，应当配备专职或者兼职的安全生产管理人员。"

故本说法正确。

372. 依据《中华人民共和国安全生产法》，生产经营单位应当建立安全生产教育和培训档案，如实记录安全生产教育和培训的时间、内容、参加人员以及考核结果等情况。

**正确答案：√**

**【试题解析】**

《中华人民共和国安全生产法》第二十八条明确规定："生产经营单位应当建立安全生产教育和培训档案，如实记录安全生产教育和培训的时间、内容、参加人员以及考核结果等情况。"

故此说法正确。

373. 依据《中华人民共和国安全生产法》，组织或者参与本单位安全生产教育和培训，是生产经营单位安全生产管理机构以及安全生产管理人员的工作职责。

**正确答案：√**

**【试题解析】**

《中华人民共和国安全生产法》第二十五条规定，组织或者参与本单位安全生产教育和培训，如实记录安全生产教育和培训情况，是生产经营单位的安全生产管理机构以及安全生产管理人员应履行的职责。

故本说法正确。

374. 依据《中华人民共和国安全生产法》，企业不可委托对外开展安全生产教育培训业务的机构开展从业人员的安全生产教育培训。

**正确答案：×**

**【试题解析】**

《生产经营单位安全培训规定》第二十条要求："具备安全培训条件的生产经营单位，应当以自主培训为主；可以委托具备安全培训条件的机构，对从业人员进行安全培训。

"不具备安全培训条件的生产经营单位，应当委托具备安全培训条件的机构，对从业人员进行安全培训。

"生产经营单位委托其他机构进行安全培训的，保证安全培训的责任仍由本单位负责。"

故本题错误。

375. 依据《国务院办公厅关于进一步完善失信约束制度构建诚信建设长效机制的指导意见》，安全生产信用信息的记录、归集、披露和使用，应当遵循合法、客观、准确、安全的原则，依法维护国家利益、社会利益和信用主体合法权益，不得危害国家安全，泄露国家秘密，不得侵犯商业秘密和个人隐私。

**正确答案：√**

**【试题解析】**

《国务院办公厅关于进一步完善失信约束制度构建诚信建设长效机制的指导意见》总体

要求部分提出:"在社会信用体系建设工作推进和实践探索中,要把握好以下重要原则:一是严格依法依规,失信行为记录、严重失信主体名单认定和失信惩戒等事关个人、企业等各类主体切身利益,必须严格在法治轨道内运行。二是准确界定范围,准确界定信用信息和严重失信主体名单认定范围,合理把握失信惩戒措施,坚决防止不当使用甚至滥用。三是确保过惩相当,按照失信行为发生的领域、情节轻重、影响程度等,严格依法分别实施不同类型、不同力度的惩戒措施,切实保护信用主体合法权益。四是借鉴国际经验,既立足我国国情,又充分参考国际惯例,在社会关注度高、认识尚不统一的领域慎重推进信用体系建设,推动相关措施与国际接轨。"

故本说法正确。

376. 依据《中华人民共和国安全生产法》,生产经营单位的主要负责人对本单位的安全生产工作全面负责,但可以通过内部工作分工,确定其只对部分负责。

**正确答案:×**

**【试题解析】**

《中华人民共和国安全生产法》第五条明确了生产经营单位主要负责人及其他负责人对本单位安全生产工作的职责。

"第五条　生产经营单位的主要负责人是本单位安全生产第一责任人,对本单位的安全生产工作全面负责。其他负责人对职责范围内的安全生产工作负责。"

故此说法错误。

377. 依据《中华人民共和国安全生产法》,生产经营单位的主要负责人对本单位安全生产工作负有建立健全并落实本单位全员安全生产责任制,加强安全生产标准化建设的职责。

**正确答案:√**

**【试题解析】**

《中华人民共和国安全生产法》第二十一条明确了生产经营单位的主要负责人对本单位安全生产工作负有的职责,包括建立健全并落实本单位全员安全生产责任制,加强安全生产标准化建设。

故本题正确。

378. 依据《中华人民共和国安全生产法》,生产经营单位的主要负责人对本单位安全生产工作负有组织制定并实施本单位安全生产规章制度和操作规程的职责。

**正确答案:√**

**【试题解析】**

《中华人民共和国安全生产法》第二十一条明确了生产经营单位的主要负责人对本单位安全生产工作负有的职责,包括组织制定并实施本单位安全生产规章制度和操作规程。

故本题正确。

379. 依据《中华人民共和国安全生产法》,生产经营单位的主要负责人对本单位安全生产工作负有组织制定并实施本单位安全生产教育和培训计划的职责。

**正确答案**:√

**【试题解析】**

《中华人民共和国安全生产法》第二十一条明确了生产经营单位的主要负责人对本单位安全生产工作负有的职责，包括组织制定并实施本单位安全生产教育和培训计划。

故本题正确。

380. 依据《中华人民共和国安全生产法》，生产经营单位的主要负责人对本单位安全生产工作负有保证本单位安全生产投入的有效实施的职责。

**正确答案**:√

**【试题解析】**

《中华人民共和国安全生产法》第二十一条明确了生产经营单位的主要负责人对本单位安全生产工作负有的职责，包括保证本单位安全生产投入的有效实施。

故本题正确。

381. 依据《中华人民共和国安全生产法》，生产经营单位的主要负责人对本单位安全生产工作负有组织建立并落实安全风险分级管控和隐患排查治理双重预防工作机制，督促、检查本单位的安全生产工作，及时消除生产安全事故隐患的职责。

**正确答案**:√

**【试题解析】**

《中华人民共和国安全生产法》第二十一条明确了生产经营单位的主要负责人对本单位安全生产工作负有的职责，包括组织建立并落实安全风险分级管控和隐患排查治理双重预防工作机制，督促、检查本单位的安全生产工作，及时消除生产安全事故隐患。

故本题正确。

382. 依据《中华人民共和国安全生产法》，生产经营单位的主要负责人对本单位安全生产工作负有组织建立并落实安全风险分级管控和隐患排查治理双重预防工作机制，督促、检查本单位的安全生产工作，及时消除生产安全事故隐患的职责。

**正确答案**:√

**【试题解析】**

《中华人民共和国安全生产法》第二十一条明确了生产经营单位的主要负责人对本单位安全生产工作负有的职责，包括组织建立并落实安全风险分级管控和隐患排查治理双重预防工作机制，督促、检查本单位的安全生产工作，及时消除生产安全事故隐患。

故本题正确。

383. 依据《中华人民共和国安全生产法》，生产经营单位的部门负责人对本单位安全生产工作负有组织建立并落实安全风险分级管控和隐患排查治理双重预防工作机制，督促、检查本单位的安全生产工作，及时组织排查生产安全事故隐患的职责。

**正确答案**:×

【试题解析】

《中华人民共和国安全生产法》第二十一条明确了生产经营单位的主要负责人对本单位安全生产工作负有的职责,包括组织建立并落实安全风险分级管控和隐患排查治理双重预防工作机制,督促、检查本单位的安全生产工作,及时消除生产安全事故隐患。

故本题错误。

384.依据《中华人民共和国安全生产法》,生产经营单位的主要负责人对本单位安全生产工作负有组织制定并实施本单位的生产安全事故应急救援预案的职责。

正确答案:√

【试题解析】

《中华人民共和国安全生产法》第二十一条明确了生产经营单位的主要负责人对本单位安全生产工作负有的职责,包括组织制定并实施本单位的生产安全事故应急救援预案。

故本题正确。

385.依据《中华人民共和国安全生产法》,生产经营单位的主要负责人对本单位安全生产工作负有及时、如实报告生产安全事故的职责。

正确答案:√

【试题解析】

《中华人民共和国安全生产法》第二十一条明确了生产经营单位的主要负责人对本单位安全生产工作负有的职责,包括及时、如实报告生产安全事故。

故本题正确。

386.依据《中华人民共和国安全生产法》,生产经营单位的安全生产管理机构以及安全生产管理人员应当参与拟订本单位安全生产规章制度、操作规程和生产安全事故应急救援预案。

正确答案:√

【试题解析】

《中华人民共和国安全生产法》第二十五条明确了生产经营单位的安全生产管理机构以及安全生产管理人员应当履行的职责,包括参与拟订本单位安全生产规章制度、操作规程和生产安全事故应急救援预案。

故本题正确。

387.依据《中华人民共和国安全生产法》,生产经营单位的安全生产管理机构以及安全生产管理人员应当组织或者参与本单位安全生产教育和培训,但无须记录安全生产教育和培训情况。

正确答案:×

【试题解析】

《中华人民共和国安全生产法》第二十五条明确了生产经营单位的安全生产管理机构以及安全生产管理人员应当履行的职责,包括组织或者参与本单位安全生产教育和培训,如实记录安全生产教育和培训情况。

故本题错误。

388. 依据《中华人民共和国安全生产法》,生产经营单位的安全生产管理机构以及安全生产管理人员应当组织开展危险源辨识和评估,督促落实本单位重大危险源的安全管理措施。

**正确答案:**√

**【试题解析】**

《中华人民共和国安全生产法》第二十五条明确了生产经营单位的安全生产管理机构以及安全生产管理人员应当履行的职责,包括组织开展危险源辨识和评估,督促落实本单位重大危险源的安全管理措施。

故本题正确。

389. 依据《中华人民共和国安全生产法》,生产经营单位的安全生产管理机构以及安全生产管理人员应当组织或者参与本单位应急救援演练。

**正确答案:**√

**【试题解析】**

《中华人民共和国安全生产法》第二十五条明确了生产经营单位的安全生产管理机构以及安全生产管理人员应当履行的职责,包括组织或者参与本单位应急救援演练。

故本题正确。

390. 依据《中华人民共和国安全生产法》,生产经营单位的安全生产管理机构以及安全生产管理人员应当检查本单位的安全生产状况,及时排查生产安全事故隐患,提出改进安全生产管理的建议。

**正确答案:**√

**【试题解析】**

《中华人民共和国安全生产法》第二十五条明确了生产经营单位的安全生产管理机构以及安全生产管理人员应当履行的职责,包括检查本单位的安全生产状况,及时排查生产安全事故隐患,提出改进安全生产管理的建议。

故本题正确。

391. 依据《中华人民共和国安全生产法》,生产经营单位的安全生产管理机构以及安全生产管理人员应当制止和纠正违章指挥、强令冒险作业、违反操作规程的行为。

**正确答案:**√

**【试题解析】**

《中华人民共和国安全生产法》第二十五条明确了生产经营单位的安全生产管理机构以及安全生产管理人员应当履行的职责,包括制止和纠正违章指挥、强令冒险作业、违反操作规程的行为。

故本题正确。

392. 依据《中华人民共和国安全生产法》,生产经营单位的主要负责人应当督促落实本单位安全生产整改措施。

**正确答案:×**

**【试题解析】**

《中华人民共和国安全生产法》第二十五条明确了生产经营单位的安全生产管理机构以及安全生产管理人员应履行的职责,包括督促落实本单位安全生产整改措施。

故本题错误。

393. 依据《中华人民共和国安全生产法》,生产经营单位可以设置专职安全生产分管负责人,协助本单位主要负责人履行安全生产管理职责。

**正确答案:√**

**【试题解析】**

《中华人民共和国安全生产法》第二十五条规定:"生产经营单位可以设置专职安全生产分管负责人,协助本单位主要负责人履行安全生产管理职责。"

故本题正确。

394. 生产经营单位的主要负责人未履行《中华人民共和国安全生产法》规定的安全生产管理职责的,责令限期改正,处二万元以上五万元以下的罚款;逾期未改正的,处五万元以上十万元以下的罚款,责令生产经营单位停产停业整顿。

**正确答案:√**

**【试题解析】**

《中华人民共和国安全生产法》九十四条第一款规定:"生产经营单位的主要负责人未履行本法规定的安全生产管理职责的,责令限期改正,处二万元以上五万元以下的罚款;逾期未改正的,处五万元以上十万元以下的罚款,责令生产经营单位停产停业整顿。"

故本题正确。

395. 依据《中华人民共和国安全生产法》,生产经营单位的主要负责人未履行安全生产管理职责,导致发生生产安全事故的,给予撤职处分;构成犯罪的,依照刑法有关规定追究刑事责任。

**正确答案:√**

**【试题解析】**

《中华人民共和国安全生产法》九十四条第二款规定:"生产经营单位的主要负责人有前款违法行为,导致发生生产安全事故的,给予撤职处分;构成犯罪的,依照刑法有关规定追究刑事责任。"

故本题正确。

396. 依据《中华人民共和国安全生产法》,生产经营单位的主要负责人未履行安全生产管理职责,导致发生生产安全事故,依法受刑事处罚或者撤职处分的,自刑罚执行完毕或者受处分之日起,五年内不得担任任何生产经营单位的主要负责人;对重大、特别重大生产安全事故负有责任的,终身不得担任本行业生产经营单位的主要负责人。

**正确答案:√**

【试题解析】

《中华人民共和国安全生产法》九十四条第三款规定:"生产经营单位的主要负责人依照前款规定受刑事处罚或者撤职处分的,自刑罚执行完毕或者受处分之日起,五年内不得担任任何生产经营单位的主要负责人;对重大、特别重大生产安全事故负有责任的,终身不得担任本行业生产经营单位的主要负责人。"

故本题正确。

397. 生产经营单位的其他负责人和安全生产管理人员未履行《中华人民共和国安全生产法》规定的安全生产管理职责的,责令限期改正,处一万元以上三万元以下的罚款;导致发生生产安全事故的,暂停或者吊销其与安全生产有关的资格,并处上一年年收入百分之二十以上百分之五十以下的罚款;构成犯罪的,依照刑法有关规定追究刑事责任。

**正确答案:√**

【试题解析】

《中华人民共和国安全生产法》九十六条规定:"生产经营单位的其他负责人和安全生产管理人员未履行本法规定的安全生产管理职责的,责令限期改正,处一万元以上三万元以下的罚款;导致发生生产安全事故的,暂停或者吊销其与安全生产有关的资格,并处上一年年收入百分之二十以上百分之五十以下的罚款;构成犯罪的,依照刑法有关规定追究刑事责任。"

故本题正确。

398. 依据《中华人民共和国安全生产法》,生产经营单位的主要负责人在本单位发生生产安全事故时,不立即组织抢救或者在事故调查处理期间擅离职守或者逃匿的,给予降级、撤职的处分。

**正确答案:√**

【试题解析】

《中华人民共和国安全生产法》第一百一十条明确规定了生产经营单位主要负责人在本单位发生生产安全事故时,不立即组织抢救或者在事故调查处理期间擅离职守或者逃匿的,应承担的法律责任。

"第一百一十条 生产经营单位的主要负责人在本单位发生生产安全事故时,不立即组织抢救或者在事故调查处理期间擅离职守或者逃匿的,给予降级、撤职的处分,并由应急管理部门处上一年年收入百分之六十至百分之一百的罚款;对逃匿的处十五日以下拘留;构成犯罪的,依照刑法有关规定追究刑事责任。

"生产经营单位的主要负责人对生产安全事故隐瞒不报、谎报或者迟报的,依照前款规定处罚。"

根据条款原文,此说法正确。

399.依据《中共中央　国务院关于推进安全生产领域改革发展的意见》,城市客运企业应对企业所属运营车辆定期进行安全检查,检查车内车辆应急装置和安全设施,确保技术状况良好。

**正确答案:**√

**【试题解析】**

《中共中央　国务院关于推进安全生产领域改革发展的意见》第六条"严格落实企业主体责任"中第二十一款"强化企业预防措施"和第二十二款"建立隐患治理监督机制",都对客运企业的主体责任进行说明。

《中华人民共和国安全生产法》第三十六条要求:生产经营单位必须对安全设备进行经常性维护、保养,并定期检测,保证正常运转。维护、保养、检测应当作好记录,并由有关人员签字。

故本题正确。

400.海因里希事故因果连锁论认为,伤亡事故的发生不是一个孤立的事件,尽管伤害可能在某瞬间突然发生,却是一系列事件相继发生的结果。

**正确答案:**√

**【试题解析】**

海因里希把工业伤害事故的发生、发展过程描述为具有一定因果关系的事件的连锁发生过程,即:

(1)人员伤亡的发生是事故的结果。

(2)事故的发生是由于人的不安全行为,物的不安全状态。

(3)人的不安全行为或物的不安全状态是由人的缺点造成的。

(4)人的缺点是由于不良环境诱发的,或者是由先天的遗传因素造成的。

在该理论中,海因里希借助于多米诺骨牌形象地描述了事故的因果连锁关系,即事故的发生是一连串事件按一定顺序互为因果依次发生的结果。如一块骨牌倒下,则将发生连锁反应,使后面的骨牌依次倒下。

故本题正确

401.隐患排查是指企业组织安全生产管理人员、技术人员和其他相关人员对本单位的事故隐患进行排查的行为。隐患治理就是指消除或控制隐患的活动或过程。

**正确答案:**√

**【试题解析】**

隐患排查治理,是指根据国家安全生产法律法规,利用安全生产管理相关方法,对生产经营单位的人、机械设备、工作环境和生产管理进行逐项排查,目的是发现安全生产事故隐患。发现隐患后,根据各种治理手段将其消除,从而把安全生产事故消灭在萌芽状态,达到安全生产的目标。

故本题正确。

402.安全生产工作要坚持源头防范的原则,构建风险分级管控和隐患排查治理双重预防工作机制,严防风险演变、隐患升级导致生产安全事故发生。

**正确答案:**√

**【试题解析】**

《中共中央 国务院关于推进安全生产领域改革发展的意见》基本原则要求:"坚持源头防范。严格安全生产市场准入,经济社会发展要以安全为前提,把安全生产贯穿城乡规划布局、设计、建设、管理和企业生产经营活动全过程。构建风险分级管控和隐患排查治理双重预防工作机制,严防风险演变、隐患升级导致生产安全事故发生。"

故本题正确。

403.应急活动一般划分为应急准备、初级响应、扩大应急和应急恢复四个阶段。

**正确答案:**√

**【试题解析】**

应急活动一般划分为应急准备、初级响应、扩大应急和应急恢复四个阶段,故本说法正确。

404.风险管理的四个阶段是一个周而复始,持续改进的闭环过程。

**正确答案:**√

**【试题解析】**

风险管理是风险识别、风险估测、风险评价、选择风险管理技术和风险管理效果评价的循环过程。

故本题正确。

405.生产经营单位已有致险因素发生变化,导致后果严重程度显著变化时,应及时开展风险再评估。

**正确答案:**√

**【试题解析】**

《公路水路行业安全生产风险辨识评估管控基本规范(试行)》6.4要求:"……生产经营单位发现新的致险因素出现,或已有主要致险因素发生变化,导致发生风险事件可能性,或后果严重程度显著变化时,应及时开展风险再评估,并变更风险等级。"

故本题正确。

406.安全风险等级从高到低划分为重大风险、较大风险、一般风险和低风险,分别用红、橙、黄、绿四种颜色标示。

**正确答案:**×

**【试题解析】**

《国务院安委会办公室关于实施遏制重特大事故工作指南构建双重预防机制的意见》第二条"着力构建企业双重预防机制"中第二款"科学评定安全风险等级"明确要求:"安全风险等级从高到低划分为重大风险、较大风险、一般风险和低风险,分别用红、橙、黄、蓝四种颜色标示。"

故本题错误。

407. 车辆驾驶员因过于自信、麻痹大意等异常心理,导致不能正确认识和判断客观事物,容易导致交通事故的发生的风险时,可采取加强对从业人员的安全教育、职业道德教育的措施予以防范。

正确答案:√

【试题解析】

《道路运输企业安全风险辨识分级管控指南》规定,车辆驾驶员因过于自信、麻痹大意等异常心理,导致不能正确认识和判断客观事物,容易导致交通事故的发生的风险时,主要防范措施包含加强对从业人员的安全教育、职业道德教育,确保道路安全。

故本题正确。

408. 依据《生产安全事故报告和调查处理条例》,事故调查报告内容包含:事故发生单位、驾驶人、车辆和线路情况;事故发生时间、地点以及事故现场情况;事故的简要经过;事故已造成或者可能造成的伤亡人数和初步估计的直接经济损失;已经采取的措施;其他应当报告的情况;事故报告后出现新的情况,无须及时补报。

正确答案:×

【试题解析】

《生产安全事故报告和调查处理条例》第十二条规定了报告事故应当包括的内容。第十三条要求事故报告后出现新情况的,应当及时补报。

"第十二条　报告事故应当包括下列内容:

"(一)事故发生单位概况;

"(二)事故发生的时间、地点以及事故现场情况;

"(三)事故的简要经过;

"(四)事故已经造成或者可能造成的伤亡人数(包括下落不明的人数)和初步估计的直接经济损失;

"(五)已经采取的措施;

"(六)其他应当报告的情况。"

"第十三条　事故报告后出现新情况的,应当及时补报。

"自事故发生之日起30日内,事故造成的伤亡人数发生变化的,应当及时补报。道路交通事故、火灾事故自发生之日起7日内,事故造成的伤亡人数发生变化的,应当及时补报。"

故本题错误。

409. 风险辨识应涉及所有的工作人员(包括外部人员)、工作过程和工作场所。安全生产风险辨识结束后应形成风险清单。

正确答案:√

**【试题解析】**

《交通运输企业安全生产标准化建设基本规范　第1部分：总体要求》（JT/T 1180.1—2018）5.7.2.3要求："风险辨识应涉及所有的工作人员（包括外部人员）、工作过程和工作场所。安全生产风险辨识结束后应形成风险清单。"

故本题正确。

410.生产经营单位发现新的致险因素时，应及时开展风险再评估，并变更风险等级。

**正确答案：√**

**【试题解析】**

《公路水路行业安全生产风险辨识评估管控基本规范（试行）》6.4要求："生产经营单位发现新的致险因素出现，或已有主要致险因素发生变化，导致发生风险事件可能性，或后果严重程度显著变化时，应及时开展风险再评估，并变更风险等级。"

故本题正确。

411.城市客运企业应当建立事故隐患日常排查、定期排查和专项排查工作机制。日常排查每周应不少于1次，定期排查每年应不少于1次，并根据政府及有关管理部门安全工作的专项部署、季节性变化或安全生产条件变化情况进行专项排查。

**正确答案：×**

**【试题解析】**

《交通运输企业安全生产标准化建设基本规范　第1部分：总体要求》（JT/T 1180.1—2018）5.8.1.3要求："生产经营单位应当建立事故隐患日常排查、定期排查工作机制。日常排查每周应不少于1次，定期排查每半年应不少于1次，并根据政府及有关管理部门安全工作的专项部署、季节性变化或安全生产条件变化情况进行专项排查。"

故本题错误。

412.依据《生产安全事故应急预案管理办法》，企业的应急预案应与当地政府、行业管理部门预案保持衔接，但无须上报当地有关部门备案。

**正确答案：×**

**【试题解析】**

《生产安全事故应急预案管理办法》第二十六条，对生产经营单位的应急预案备案要求进行了规定，不同类型的企业，需按照相关要求对应急预案进行备案。

"第二十六条　易燃易爆物品、危险化学品等危险物品的生产、经营、储存、运输单位，矿山、金属冶炼、城市轨道交通运营、建筑施工单位，以及宾馆、商场、娱乐场所、旅游景区等人员密集场所经营单位，应当在应急预案公布之日起20个工作日内，按照分级属地原则，向县级以上人民政府应急管理部门和其他负有安全生产监督管理职责的部门进行备案，并依法向社会公布。

"前款所列单位属于中央企业的，其总部（上市公司）的应急预案，报国务院主管的负有安全生产监督管理职责的部门备案，并抄送应急管理部；其所属单位的应急预案报所在地的省、自治区、直辖市或者设区的市级人民政府主管的负有安全生产监督管理职责的部门备案,并抄送同级人民政府应急管理部门。

"本条第一款所列单位不属于中央企业的,其中非煤矿山、金属冶炼和危险化学品生产、经营、储存、运输企业,以及使用危险化学品达到国家规定数量的化工企业、烟花爆竹生产、批发经营企业的应急预案,按照隶属关系报所在地县级以上地方人民政府应急管理部门备案;本款前述单位以外的其他生产经营单位应急预案的备案,由省、自治区、直辖市人民政府负有安全生产监督管理职责的部门确定。

"油气输送管道运营单位的应急预案,除按照本条第一款、第二款的规定备案外,还应当抄送所经行政区域的县级人民政府应急管理部门。

"海洋石油开采企业的应急预案,除按照本条第一款、第二款的规定备案外,还应当抄送所经行政区域的县级人民政府应急管理部门和海洋石油安全监管机构。

"煤矿企业的应急预案除按照本条第一款、第二款的规定备案外,还应当抄送所在地的煤矿安全监察机构。"

故本说法错误。

413.依据《中华人民共和国安全生产法》,企业应按照有关规定建立应急管理组织机构或指定专人负责应急管理工作,建立与本企业安全生产特点相适应的专(兼)职应急救援队伍。

**正确答案:√**

**【试题解析】**

《中华人民共和国安全生产法》第七十九条要求:"鼓励生产经营单位和其他社会力量建立应急救援队伍,配备相应的应急救援装备和物资,提高应急救援的专业化水平。"

《交通运输企业安全生产标准化建设基本规范　第1部分:总体要求》(JT/T 1180.1—2018)5.11.2.1要求:"企业应按照有关规定建立应急管理组织机构或指定专人负责应急管理工作,建立与本企业安全生产特点相适应的专(兼)职应急救援队伍。"

故本题正确。

414.依据《中华人民共和国安全生产法》,城市客运企业应根据可能发生的事故种类特点,按照有关规定设置应急设施,配备应急装备,储备应急物资。

**正确答案:√**

**【试题解析】**

《中华人民共和国安全生产法》第八十二条要求:"危险物品的生产、经营、储存单位以及矿山、金属冶炼、城市轨道交通运营、建筑施工单位应当建立应急救援组织;生产经营规模较小的,可以不建立应急救援组织,但应当指定兼职的应急救援人员。

"危险物品的生产、经营、储存、运输单位以及矿山、金属冶炼、城市轨道交通运营、建筑施工单位应当配备必要的应急救援器材、设备和物资,并进行经常性维护、保养,保证正常运转。"

故本题正确。

415.依据《生产安全事故应急预案管理办法》,城市客运企业应当制定本单位应急预案演练计划,根据本单位的事故风险特点,每年至少组织一次综合应急预案演练或者专项应急预案演练,每年至少组织一次现场处置方案演练。

**正确答案:×**

**【试题解析】**

《生产安全事故应急预案管理办法》第三十三条规定:"生产经营单位应当制定本单位的应急预案演练计划,根据本单位的事故风险特点,每年至少组织一次综合应急预案演练或者专项应急预案演练,每半年至少组织一次现场处置方案演练。

"易燃易爆物品、危险化学品等危险物品的生产、经营、储存、运输单位,矿山、金属冶炼、城市轨道交通运营、建筑施工单位,以及宾馆、商场、娱乐场所、旅游景区等人员密集场所经营单位,应当至少每半年组织一次生产安全事故应急预案演练,并将演练情况报送所在地县级以上地方人民政府负有安全生产监督管理职责的部门。"

城市客运企业属于运输单位及城市轨道交通运营,应至少每半年组织一次生产安全事故应急预案演练,因此本说法错误。

416.依据《中华人民共和国突发事件应对法》,发生事故,企业应及时进行事故现场处置,按相关规定及时、如实向有关部门报告,没有瞒报、谎报、迟报情况。并应跟踪事故发展情况,及时续报事故信息。

**正确答案:√**

**【试题解析】**

《中华人民共和国突发事件应对法》第三十九条要求:"地方各级人民政府应当按照国家有关规定向上级人民政府报送突发事件信息。县级以上人民政府有关主管部门应当向本级人民政府相关部门通报突发事件信息。

"专业机构、监测网点和信息报告员应当及时向所在地人民政府及其有关主管部门报告突发事件信息。

"有关单位和人员报送、报告突发事件信息,应当做到及时、客观、真实,不得迟报、谎报、瞒报、漏报。"

故本题正确。

417.依据《生产安全事故报告和调查处理条例》,企业应按"四不放过"原则严肃查处事故,严格追究责任领导和相关责任人。处理结果无须报上级主管部门备案。

**正确答案:×**

**【试题解析】**

《生产安全事故报告和调查处理条例》第十条要求不同等级的事故应依照规定向不同部门进行上报。

《交通运输企业安全生产标准化建设基本规范 第1部分:总体要求》(JT/T 1180.1—

2018)5.12.2.5 要求:"企业应按"四不放过"原则严肃查处事故,严格追究责任领导和相关责任人。处理结果报上级主管部门备案。"

故本题错误。

418. 依据《交通运输突发事件应急管理规定》,完成险情或事故应急处置后,企业应主动配合有关组织开展应急处置评估。

**正确答案:**√

**【试题解析】**

《交通运输突发事件应急管理规定》第三十九条规定:"交通运输突发事件的威胁和危害得到控制或者消除后,负责应急处置的交通运输主管部门应当按照相关人民政府的决定停止执行应急处置措施,并按照有关要求采取必要措施,防止发生次生、衍生事件。"

《交通运输企业安全生产标准化建设基本规范　第1部分:总体要求》(JT/T 1180.1—2018)5.11.6.3 要求:"完成险情或事故应急处置后,企业应主动配合有关组织开展应急处置评估。"

故本题正确。

419. 重大事故隐患,是指危害和整改难度较大,应当全部或者局部停产停业,并经过一定时间整改治理方能排除的隐患,或者因外部因素影响致使生产经营单位自身难以排除的隐患。

**正确答案:**√

**【试题解析】**

《安全生产事故隐患排查治理暂行规定》第三条第二款规定:"事故隐患分为一般事故隐患和重大事故隐患。一般事故隐患,是指危害和整改难度较小,发现后能够立即整改排除的隐患。重大事故隐患,是指危害和整改难度较大,应当全部或者局部停产停业,并经过一定时间整改治理方能排除的隐患,或者因外部因素影响致使生产经营单位自身难以排除的隐患。"

故本题正确。

420. 隐患按等级划分可分为重大隐患、较大隐患、一般隐患和较小隐患四个等级。

**正确答案:**×

**【试题解析】**

《安全生产事故隐患排查治理暂行规定》第三条第二款规定:"事故隐患分为一般事故隐患和重大事故隐患。"

故本题错误。

421. 生产经营单位应当保证事故隐患排查治理所需的资金,建立资金使用专项制度。

**正确答案:**√

**【试题解析】**

《安全生产事故隐患排查治理暂行规定》第九条规定:"生产经营单位应当保证事故隐患排查治理所需的资金,建立资金使用专项制度。"

故本题正确。

422. 企业应当定期开展风险评估和危害辨识,树立风险就是隐患的观念,建立健全隐患排查治理制度。

正确答案:√

【试题解析】

《中共中央 国务院关于推进安全生产领域改革发展的意见》第五条"建立安全预防控制体系"中第二十一款"强化企业预防措施"提出:"企业要定期开展风险评估和危害辨识。针对高危工艺、设备、物品、场所和岗位,建立分级管控制度,制定落实安全操作规程。树立隐患就是事故的观念,建立健全隐患排查治理制度、重大隐患治理情况向负有安全生产监督管理职责的部门和企业职代会"双报告"制度,实行自查自改自报闭环管理。"

故本题正确。

423. 依据《生产安全事故应急预案管理办法》,在周围环境发生变化,形成新的重大危险源情况下不一定要及时修订应急预案,但需要进行风险源备案。

正确答案:×

【试题解析】

《生产安全事故应急预案管理办法》第三十六条规定:"有下列情形之一的,应急预案应当及时修订并归档。

"……

"(四)重要应急资源发生重大变化的。"

故本题错误。

424. 依据《中华人民共和国安全生产法》,生产经营单位应当在重大风险所在场所设置明显的安全警示标志,标明重大风险危险特性、可能发生的事件后果、安全防范和应急措施。

正确答案:√

【试题解析】

《中华人民共和国安全生产法》第三十五条要求:"生产经营单位应当在有较大危险因素的生产经营场所和有关设施、设备上,设置明显的安全警示标志。"

《公路水路行业安全生产风险辨识评估管控基本规范》7.4.2要求:"生产经营单位存在重大风险,应当将重大风险的名称、位置、危害特性、影响范围、可能发生的风险事件及后果、管控措施和安全防范与应急措施告知直接影响范围内的相关单位或人员。"

故本题正确。

425. 依据《中华人民共和国突发事件应对法》,生产经营单位应对进入重大风险影响区域的本单位从业人员组织开展安全防范、应急逃生避险和应急处置等相关培训和演练。

正确答案:√

【试题解析】

《中华人民共和国突发事件应对法》第二十五条要求:"县级以上人民政府应当建立健全突发事件应急管理培训制度,对人民政府及其有关部门负有处置突发事件职责的工作人员定期进行培训。"

《交通运输企业安全生产标准化建设基本规范　第 1 部分:总体要求》(JT/T 1180.1—2018)5.7.5.2 要求:"企业应当在重大风险所在场所设置明显的安全警示标志,对进入重大风险影响区域的人员组织开展安全防范、应急逃生避险和应急处置等相关培训和演练。"

故本题正确。

426.依据《中华人民共和国安全生产法》,生产经营单位应当将重大风险的名称、位置、危险特性、影响范围、可能发生的安全生产事故及后果、管控措施和安全防范与应急措施告知直接影响范围内的相关单位或人员。

正确答案:√

【试题解析】

《中华人民共和国安全生产法》第三十五条要求:"生产经营单位应当在有较大危险因素的生产经营场所和有关设施、设备上,设置明显的安全警示标志。"

《公路水路行业安全生产风险辨识评估管控基本规范(试行)》7.4.2 要求:"生产经营单位存在重大风险,应当将重大风险的名称、位置、危害特性、影响范围、可能发生的风险事件及后果、管控措施和安全防范与应急措施告知直接影响范围内的相关单位或人员。"

故本题正确。

427.依据《生产安全事故报告和调查处理条例》,在城市客运领域运输过程中,造成 5 人死亡的生产安全事故应为一般事故。

正确答案:×

【试题解析】

《生产安全事故报告和调查处理条例》第三条明确规定:"根据生产安全事故(以下简称事故)造成的人员伤亡或者直接经济损失,事故一般分为以下等级。

"(一)特别重大事故,是指造成30人以上死亡,或者100人以上重伤(包括急性工业中毒,下同),或者1亿元以上直接经济损失的事故;

"(二)重大事故,是指造成10人以上30人以下死亡,或者50人以上100人以下重伤,或者5000万元以上1亿元以下直接经济损失的事故;

"(三)较大事故,是指造成3人以上10人以下死亡,或者10人以上50人以下重伤,或者1000万元以上5000万元以下直接经济损失的事故;

"(四)一般事故,是指造成3人以下死亡,或者10人以下重伤,或者1000万元以下直接经济损失的事故。

"国务院安全生产监督管理部门可以会同国务院有关部门,制定事故等级划分的补充性规定。

"本条第一款所称的'以上'包括本数,所称的'以下'不包括本数。"

故本事故应属于较大事故,本题错误。

428.依据《生产安全事故应急条例》,应急救援队伍应当配备必要的应急救援装备和物资,并定期组织训练。

正确答案:√

**【试题解析】**

《生产安全事故应急条例》第十一条第三款要求："应急救援队伍应当配备必要的应急救援装备和物资，并定期组织训练。"

故本题正确。

429. 依据《生产安全事故应急预案管理办法》，对于某一种或者多种类型的事故风险，生产经营单位可以编制相应的专项应急预案，或将专项应急预案并入综合应急预案。

**正确答案：√**

**【试题解析】**

《生产安全事故应急预案管理办法》第十四条规定："对于某一种或者多种类型的事故风险，生产经营单位可以编制相应的专项应急预案，或将专项应急预案并入综合应急预案。"

故本题正确。

430. 依据《生产安全事故应急预案管理办法》，对于危险性较大的场所、装置或者设施，生产经营单位应当编制现场处置方案。

**正确答案：√**

**【试题解析】**

《生产安全事故应急预案管理办法》第十五条第一款规定："对于危险性较大的场所、装置或者设施，生产经营单位应当编制现场处置方案。"

故本题正确。

431. 依据《生产安全事故应急预案管理办法》，事故风险单一、危险性小的生产经营单位，可以只编制现场处置方案。

**正确答案：√**

**【试题解析】**

《生产安全事故应急预案管理办法》第十五条第三款规定："事故风险单一、危险性小的生产经营单位，可以只编制现场处置方案。"

故本题正确。

432. 依据《生产安全事故应急预案管理办法》，应急预案评审的评审人员与所评审应急预案的生产经营单位有利害关系的，应当回避。

**正确答案：√**

**【试题解析】**

《生产安全事故应急预案管理办法》第二十二条第二款规定："评审人员与所评审应急预案的生产经营单位有利害关系的，应当回避。"

故本题正确。

433. 依据《生产安全事故应急预案管理办法》，生产经营单位应当按照应急预案的规定，对应急物资、装备进行定期检测和维护，使其处于适用状态。

**正确答案：√**

【试题解析】

《生产安全事故应急预案管理办法》第三十八条规定："生产经营单位应当按照应急预案的规定,落实应急指挥体系、应急救援队伍、应急物资及装备,建立应急物资、装备配备及其使用档案,并对应急物资、装备进行定期检测和维护,使其处于适用状态。"

故本题正确。

434.根据《生产安全事故应急演练基本规范》,应急演练实施过程中,只要获得实效,无须安排专门人员采用文字、照片和音像等手段记录演练过程。

正确答案:×

【试题解析】

《生产安全事故应急演练基本规范》7.5要求:"演练实施过程中,安排专门人员采用文字、照片和音像手段记录演练过程。"

故本说法错误。

435.依据《生产安全事故报告和调查处理条例》,发生的特别重大生产安全事故由事故发生地省级人民政府组织事故调查组进行调查。

正确答案:×

【试题解析】

《生产安全事故报告和调查处理条例》第十九条要求:"特别重大事故由国务院或者国务院授权有关部门组织事故调查组进行调查。"

故本题错误。

436.依据《生产安全事故报告和调查处理条例》,造成10人重伤的生产安全事故属于一般事故。

正确答案:×

【试题解析】

《生产安全事故报告和调查处理条例》第三条规定了事故类型的划分依据,造成10人重伤的生产安全事故属于较大事故。

故本题错误。

437.依据《生产安全事故报告和调查处理条例》,报告事故的内容包括针对事故已采取的措施。

正确答案:√

【试题解析】

《生产安全事故报告和调查处理条例》第十二条规定:"报告事故应当包含的内容如下。

"(一)事故发生单位概况;

"(二)事故发生的时间、地点以及事故现场情况;

"(三)事故的简要经过;

"(四)事故已经造成或者可能造成的伤亡人数(包括下落不明的人数)和初步估计的直

接经济损失;

"(五)已经采取的措施;

"(六)其他应当报告的情况。"

故本题正确。

438.依据《生产安全事故报告和调查处理条例》,事故调查组可以聘请有关专家参与调查。

**正确答案:√**

**【试题解析】**

《生产安全事故报告和调查处理条例》第二十二条第三款要求:"事故调查组可以聘请有关专家参与调查。"

故本题正确。

439.依据《生产安全事故报告和调查处理条例》,事故调查组向有关单位和个人了解与事故有关的情况,要求其提供相关文件、资料涉及其内部机密的,有关单位和个人可以拒绝。

**正确答案:×**

**【试题解析】**

《生产安全事故报告和调查处理条例》第二十六条规定:"事故调查组有权向有关单位和个人了解与事故有关的情况,并要求其提供相关文件、资料,有关单位和个人不得拒绝。"

故本题错误。

440.依据《生产安全事故报告和调查处理条例》,事故发生后,有关单位和人员应当妥善保护事故现场以及相关证据,任何单位和个人不得破坏事故现场、毁灭相关证据。

**正确答案:√**

**【试题解析】**

《生产安全事故报告和调查处理条例》第十六条要求:"事故发生后,有关单位和人员应当妥善保护事故现场以及相关证据,任何单位和个人不得破坏事故现场、毁灭相关证据。"

故本题正确。

441.依据《生产安全事故报告和调查处理条例》,事故发生单位的负责人和有关人员在事故调查期间不得擅离职守,并应当随时接受事故调查组的询问,如实提供有关情况。

**正确答案:√**

**【试题解析】**

《生产安全事故报告和调查处理条例》第二十六条第二款规定:"事故发生单位的负责人和有关人员在事故调查期间不得擅离职守,并应当随时接受事故调查组的询问,如实提供有关情况。"

故本题正确。

442.依据《生产安全事故报告和调查处理条例》,事故调查中需要进行技术鉴定的,技术鉴定所需时间计入事故调查期限。

**正确答案:×**

【试题解析】

《生产安全事故报告和调查处理条例》第二十七条规定:"事故调查中需要进行技术鉴定的,事故调查组应当委托具有国家规定资质的单位进行技术鉴定。必要时,事故调查组可以直接组织专家进行技术鉴定。技术鉴定所需时间不计入事故调查期限。"

故本题错误。

443.依据《生产安全事故报告和调查处理条例》,事故调查组应当自事故发生之日起60日内提交事故调查报告。

正确答案:√

【试题解析】

《生产安全事故报告和调查处理条例》第二十九条规定:"事故调查组应当自事故发生之日起60日内提交事故调查报告;特殊情况下,经负责事故调查的人民政府批准,提交事故调查报告的期限可以适当延长,但延长的期限最长不超过60日。"

故本题正确。

444.依据《生产安全事故报告和调查处理条例》,事故调查报告包括对事故责任人的处罚决定。

正确答案:×

【试题解析】

《生产安全事故报告和调查处理条例》第十二条规定:"报告事故应当包含的内容如下。

"(一)事故发生单位概况;

"(二)事故发生的时间、地点以及事故现场情况;

"(三)事故的简要经过;

"(四)事故已经造成或者可能造成的伤亡人数(包括下落不明的人数)和初步估计的直接经济损失;

"(五)已经采取的措施;

"(六)其他应当报告的情况。"

故本题错误。

445.依据《生产安全事故报告和调查处理条例》,事故调查报告的内容应仅包括事故造成的人员伤亡和直接经济损失,事故发生的原因和事故性质,事故责任的认定以及对事故责任者的处理建议。

正确答案:×

【试题解析】

《生产安全事故报告和调查处理条例》第十二条规定:"报告事故应当包含的内容如下。

"(一)事故发生单位概况;

"(二)事故发生的时间、地点以及事故现场情况;

"(三)事故的简要经过;

"（四）事故已经造成或者可能造成的伤亡人数（包括下落不明的人数）和初步估计的直接经济损失；

"（五）已经采取的措施；

"（六）其他应当报告的情况。

故本题错误。

446. 企业应建立内部事故调查和处理制度，按照有关规定、行业标准，将造成人员伤亡（轻伤、重伤、死亡等人身伤害和急性中毒）和财产损失的事故纳入事故调查和处理范畴。

**正确答案：√**

【试题解析】

《交通运输企业安全生产标准化建设基本规范　第1部分：总体要求》（JT/T 1180.1—2018）5.12.2.1要求："企业应建立内部事故调查和处理制度，按照有关规定、行业标准，将造成人员伤亡（轻伤、重伤、死亡等人身伤害和急性中毒）和财产损失的事故纳入事故调查和处理范畴。"

故本题正确。

447. 依据《中华人民共和国刑法》，在生产安全事故发生后，负有报告职责的人员不报或者谎报事故情况，贻误事故抢救，情节严重的，处三年以下有期徒刑或者拘役。

**正确答案：√**

【试题解析】

《中华人民共和国刑法》第一百三十九条之一规定："在安全事故发生后，负有报告职责的人员不报或者谎报事故情况，贻误事故抢救，情节严重的，处三年以下有期徒刑或者拘役；情节特别严重的，处三年以上七年以下有期徒刑。"

故本题正确。

448. 依据《中华人民共和国安全生产法》，从业人员发现事故隐患或者其他不安全因素，应当立即向现场安全生产管理人员或者本单位负责人报告；接到报告的人员应当及时予以处理。

**正确答案：√**

【试题解析】

《中华人民共和国安全生产法》第五十九条规定："从业人员发现事故隐患或者其他不安全因素，应当立即向现场安全生产管理人员或者本单位负责人报告；接到报告的人员应当及时予以处理。"

故本题正确。

449. 依据《中华人民共和国安全生产法》，对重大、特别重大生产安全事故负有责任的，终身不得担任本行业生产经营单位的主要负责人。

**正确答案：√**

【试题解析】

《中华人民共和国安全生产法》第九十二条第三款规定："对有前款违法行为的机构及其直接责任人员，吊销其相应资质和资格，五年内不得从事安全评价、认证、检测、检验等工作;情节严重的,实行终身行业和职业禁入。"

故本题正确。

450.依据《交通运输突发事件应急管理规定》,城市客运企业应当将本单位应急装备、应急物资、运力储备和应急队伍的实时情况及时报告所在地交通运输主管部门备案。

**正确答案:√**

**【试题解析】**

《交通运输突发事件应急管理规定》第十七条规定:"交通运输管理部门、交通运输企业应当根据应急需求,储备应急物资和运力,配备应急装备,满足突发事件应急处置需要。

"应急物资和运力储备、装备配备实行逐级报备制度,交通运输企业应当向交通运输管理部门报备,下级交通运输部门应当向上级报备。"

故本题正确。

第二部分

城市客运企业主要负责人和安全生产管理人员安全考核管理办法

# 城市客运企业主要负责人和安全生产
## 管理人员安全考核管理办法

**第一条** 为规范城市客运企业主要负责人和安全生产管理人员的安全生产知识和管理能力考核(以下简称安全考核),根据《中华人民共和国安全生产法》等法律法规,制定本办法。

**第二条** 城市客运企业主要负责人和安全生产管理人员的安全考核工作,应当遵守本办法。

**第三条** 城市客运企业是指从事城市公共汽电车运营、城市轨道交通运营、出租汽车(含巡游出租汽车、网络预约出租汽车)经营的法人单位。城市客运企业主要负责人指对本单位日常生产经营活动和安全生产工作全面负责、有生产经营决策权的人员,包括企业法定代表人、实际控制人,以及分支机构的负责人、实际控制人。

城市客运企业安全生产管理人员指企业(含分支机构)分管安全生产的负责人和专(兼)职安全生产管理人员。

**第四条** 城市客运企业主要负责人和安全生产管理人员安全考核工作应当坚持突出重点、分类实施、有序推进的原则。

**第五条** 交通运输部负责指导全国城市客运企业主要负责人和安全生产管理人员安全考核工作。

省级交通运输主管部门负责指导和监督本行政区域内经营的城市客运企业主要负责人和安全生产管理人员安全考核工作。

直辖市、设区的市级交通运输主管部门或城市人民政府指定的行业主管部门(以下统称市级行业主管部门)具体组织实施本行政区域内经营的城市客运企业主要负责人和安全生产管理人员安全考核有关工作。符合政府购买服务规定的,市级行业主管部门可通过政府购买服务方式,开展具体考核工作。考核不得收费。

**第六条** 城市客运企业主要负责人和安全生产管理人员应当在从事城市客运安全生产相关工作6个月内参加安全考核,并在1年内考核合格。在本办法实施前已从事城市客运安全生产相关工作的主要负责人和安全生产管理人员应当在本办法实施后1年内完成考核工作。

**第七条** 按照城市公共汽电车、城市轨道交通、出租汽车(含巡游出租汽车、网络预约出租汽车)等业务领域,对城市客运企业主要负责人、安全生产管理人员等两类人员分别开展安全考核。考核内容包括:城市客运安全生产相关法律法规、规章制度和标准规范,城市客运企业安全生产主体责任,城市客运企业安全生产管理知识,城市客运安全生产实务等。

**第八条**　交通运输部负责组织编制和公开发布安全考核大纲和安全考核基础题库,并根据有关法律法规对题库进行动态更新。市级行业主管部门可根据当地城市客运安全生产相关地方性政策法规及标准规范,组织编制城市客运安全生产地方性考核大纲和地方题库。

**第九条**　城市客运企业主要负责人和安全生产管理人员应当按照考核要求,经所属企业同意,向属地市级行业主管部门提交考核申请,并在规定的时间、地点完成安全考核工作。城市客运企业主要负责人和安全生产管理人员应根据企业经营范围及岗位职责,选择考核相应业务领域。

城市客运企业主要负责人和安全生产管理人员提交考核申请资料的真实性由本人及其所属企业负责。

**第十条**　城市客运企业主要负责人和安全生产管理人员安全考核采用闭卷考核方式。鼓励各地采用无纸化考核,暂不具备条件的,可采用纸质试卷考核。试卷考核题型为客观题,总分值为 100 分,80 分及以上即为考核合格。交通运输部组织开发组卷考核客户端软件,供各地免费使用。

**第十一条**　试卷题目包括公共部分和专业部分。其中,公共部分试题从基础题库中公共部分随机抽取;专业部分试题按照参加考核人员所选择的业务领域,从基础题库中相应业务领域随机抽取。编制有地方题库的,可从地方题库中随机抽取试题,分值占比不超过总分的 10%。

**第十二条**　属地市级行业主管部门应于考核结束后 20 个工作日内,在政府部门网站专栏公布考核合格的城市客运企业主要负责人和安全生产管理人员信息,包括人员姓名、身份证号(脱敏后)、所属企业名称、考核业务领域、考核合格结果有效期等。参加考核人员可以向属地市级行业主管部门查询考核成绩。相同业务领域的考核合格结果在全国范围内有效,不得重复进行考核。

**第十三条**　市级行业主管部门应当结合本地实际制定年度考核安排,并提前 30 天向社会公开发布,原则上每季度组织一批次考核。

**第十四条**　各省级交通运输主管部门于每年 3 月底前将上一年度本行政区域内经营的城市客运企业主要负责人和安全生产管理人员安全考核工作执行情况、本行政区域内经营的城市客运企业主要负责人和安全生产管理人员名单及安全考核通过情况汇总报交通运输部。

**第十五条**　城市客运企业主要负责人和安全生产管理人员安全考核合格且在有效期内,不再从事原岗位工作的,所属企业应当在 1 个月内向属地市级行业主管部门报告人员离岗情况;另择企业从事同类型岗位工作的,本人应当在入职后 1 个月内向所在地市级行业主管部门登记企业信息和安全考核情况。

**第十六条**　城市客运企业主要负责人和安全生产管理人员安全考核合格结果自公布之日起,3 年内有效。

安全考核合格结果有效期到期前 3 个月内,相关人员可以向属地市级行业主管部门提出延期申请。属地市级行业主管部门应当在受理申请后 15 个工作日内,对其依法履行安全生产管理职责情况进行核实。不存在未履行法定安全生产管理职责受到行政处罚或导致发生运输安全事故等情形的,安全考核合格结果有效期应当予以延期 3 年。属地市级行业主管部门应通过网站等渠道公布延期结果。

第十七条 城市客运企业主要负责人和安全生产管理人员有下列情况的,原考核合格结果作废。

(一)因存在未履行法定安全生产管理职责受到行政处罚或导致发生运输安全事故的;

(二)城市轨道交通运营企业主要负责人和安全生产管理人员因安全管理不到位导致发生列车脱轨、列车撞击、乘客踩踏、淹水倒灌等造成人员伤亡或较大社会影响事件的;

(三)超过考核合格结果有效期 180 天未申请延期的。

考核合格结果作废后,继续从事企业安全生产管理工作的,应在 6 个月内完成考核工作。

第十八条 城市客运企业主要负责人和安全生产管理人员未按照本办法规定进行安全考核并取得安全考核合格的,应当按照《中华人民共和国安全生产法》等相关法律法规的规定进行处理。

第十九条 省级交通运输主管部门可根据本地实际,制定城市客运企业主要负责人和安全生产管理人员安全考核管理细则。

第二十条 本办法自 2023 年 1 月 1 日起施行。

附件

# 城市客运企业主要负责人和安全生产管理人员安全考核大纲

## 一、考核目的

贯彻落实《中华人民共和国安全生产法》等法律法规,提升城市客运企业安全生产管理水平,考核城市客运企业主要负责人和安全生产管理人员对安全生产管理知识掌握程度与安全生产管理能力。

## 二、考核对象

城市公共汽电车客运运营企业、城市轨道交通运营企业、出租汽车企业(含巡游出租汽车企业、网络预约出租汽车平台公司)的主要负责人和安全生产管理人员。

## 三、考核范围

城市客运安全生产相关法律法规、规章制度和标准规范,城市客运企业安全生产主体责任,城市客运企业安全管理知识,城市客运安全生产实务等内容。

## 四、考核方法

(一)考核方式。

采用计算机或纸质试卷闭卷考核方式,考核时间为90分钟。

(二)考核合格标准。

考核试题总分值为100分,考核合格标准为80分及以上。

(三)试卷组卷原则。

1.试题类型包括:单项选择题、多项选择题、判断题和案例题,全部为客观题。题型数量及分值见下表。

| 题　型 | 数量(个) | 分值(分) | 合计(分) |
|---|---|---|---|
| 单项选择题 | 50 | 1 | 50 |
| 多项选择题 | 10 | 2 | 20 |
| 判断题 | 25 | 1 | 25 |
| 案例题 | 1 | 5 | 5 |

2.试卷题目包括公共部分和专业部分,试卷组卷比例见下表。

| 分值<br>占比<br>考核<br>人员 | 公共部分 | | | 专业部分 | | 合　计 |
|---|---|---|---|---|---|---|
| | 城市客运安全<br>生产法律法规、<br>规章制度<br>和标准规范 | 城市客运企业<br>安全生产<br>主体责任 | 城市客运企业<br>安全管理<br>知识 | 各领域安全<br>生产法规政策<br>及标准规范 | 各领域安全<br>生产实务 | |
| 企业主要负责人 | 20% | 30% | 20% | 20% | 10% | 100% |
| 企业安全生产<br>管理人员 | 15% | 15% | 10% | 30% | 30% | 100% |

3.城市客运企业主要负责人和安全生产管理人员报名考核时,应根据企业经营范围及岗位职责选择相应业务领域。试卷题目专业部分从题库中的相应业务领域随机抽取。

## 五、公共部分考核内容

(一)城市客运安全生产相关法律法规。

1.城市客运安全生产相关法律及要求。

1.1 《中华人民共和国安全生产法》。

熟悉法律适用范围,掌握安全生产政策,掌握安全生产经营单位的安全生产权利、义务和法律责任等。

1.2 《中华人民共和国刑法》。

熟悉交通肇事罪、重大责任事故罪、重大劳动安全事故罪、不报及谎报安全事故罪的犯罪构成要件,掌握《中华人民共和国刑法》及修正案中涉及城市客运领域安全管理的有关规定等。

1.3 《中华人民共和国消防法》。

熟悉消防安全工作政策,掌握消防工作责任及管理制度,掌握火灾预防要求等。

1.4 《中华人民共和国突发事件应对法》。

了解突发事件定义,掌握突发事件应对工作原则,熟悉预防与应急准备、应急处置与救援,了解企业法律责任等。

1.5 《中华人民共和国反恐怖主义法》。

了解恐怖活动组织和人员的认定,掌握涉及城市客运的防范要求及应对处置,熟悉涉及城市客运反恐法律责任等。

1.6 《中华人民共和国民法典》。

了解民事主体各方的权利和义务,以及发生侵权时应当承担的侵权责任,熟悉城市客运领域合同管理要求,掌握运输合同、租赁合同所规定的权利、义务、法律责任。

1.7　《中华人民共和国职业病防治法》。

了解职业病定义,熟悉职业病防治工作原则,掌握用人单位的主要职责、职业病预防要求,掌握用人单位法律义务,了解法律责任等。

1.8　《中华人民共和国劳动法》。

熟悉职业培训和安全防护要求,掌握违反相关规定应承担的法律责任等。

1.9　《中华人民共和国治安管理处罚法》。

了解扰乱公共秩序、妨害公共安全、侵犯司乘人身及财产权利、妨害社会管理等涉及城市客运的违反治安管理行为的有关规定。

1.10　其他城市客运安全生产相关法律及要求。

2.城市客运安全生产相关行政法规、政策及要求。

2.1　《生产安全事故报告和调查处理条例》。

掌握生产安全事故等级划分,掌握生产安全事故报告要求、内容和应对措施,熟悉事故调查处理等。

2.2　《生产安全事故应急条例》。

掌握生产安全事故应急工作的应急准备、应急救援相关规定,以及企业应承担的法律责任。

2.3　《中共中央　国务院关于推进安全生产领域改革发展的意见》。

熟悉《中共中央　国务院关于推进安全生产领域改革发展的意见》有关城市客运安全生产相关要求。

2.4　其他城市客运安全生产相关行政法规、政策及要求。

3.城市客运安全生产相关部门规章、规范性文件及要求。

3.1　《生产安全事故应急预案管理办法》。

掌握应急预案编制、评审、公布、备案、实施等相关规定,以及企业应承担的法律责任等。

3.2　《交通运输突发事件应急管理规定》。

掌握交通运输突发事件的应急准备、监测与预警、应急处置、终止与善后等内容相关规定。

3.3　《企业安全生产费用提取和使用管理办法》。

掌握企业安全生产费用提取标准和使用,熟悉企业安全生产费用使用范围,熟悉安全生产费用的监督管理等。

3.4　《机关、团体、企业、事业单位消防安全管理规定》。

掌握应当履行的消防安全职责,掌握消防安全管理要求,熟悉防火检查、火灾隐患整改、消防宣传教育培训、灭火和应急疏散演练等。

3.5　其他城市客运安全生产规章、规范性文件及要求。

4.城市客运安全生产相关标准规范及要求。

4.1　《交通运输企业安全生产标准化建设基本规范　第1部分:总体要求》。

了解交通运输企业安全生产标准化建设的基本要求和通用要求。

4.2 其他城市客运安全生产标准规范及要求。

(二)城市客运企业安全生产主体责任。

5.城市客运企业安全生产主体责任。

5.1 掌握安全生产责任体系和主要内容。

5.2 掌握企业应当建立的安全生产管理制度。

5.3 掌握企业安全生产管理机构的设置和安全生产管理人员的配备要求。

5.4 掌握企业建立健全全员安全生产责任制的相关要求。

5.5 掌握企业从业人员、驾驶员的安全培训教育要求。

5.6 掌握企业主要负责人和安全生产管理人员的安全职责及相关法律责任。

5.7 掌握企业对营运车辆管理的相关要求。

5.8 掌握突发事件应急处置预案及应急处置程序。

5.9 掌握企业安全生产的目标构成、评价和考核。

5.10 熟悉安全生产检查类型、内容、方法和工作程序。

5.11 熟悉职业健康安全管理内容和要求。

5.12 熟悉城市客运企业安全生产信用管理要求。

5.13 熟悉其他涉及企业安全生产主体责任要求。

(三)城市客运企业安全管理知识。

6.城市客运安全基础理论。

6.1 了解海因里希事故因果理论及事故发生机理。

6.2 熟悉城市客运安全生产特点。

6.3 熟悉驾驶员等生理心理特征对城市客运安全的影响。

6.4 了解各类安全设施对城市客运安全的影响。

6.5 掌握雨雪冰雾等恶劣天气对城市客运安全的影响。

7.城市客运企业安全风险管控。

7.1 了解风险管理等概念,熟悉风险管理目标和内容。

7.2 掌握城市客运企业安全风险辨识、评估和管控措施。

8.城市客运企业隐患排查治理。

8.1 熟悉企业隐患排查治理原则,掌握隐患排查与治理的内容和程序。

8.2 掌握城市客运企业隐患排查内容。

9.应急处置与救援。

9.1 熟悉应急救援体系构成和响应程序。

9.2 掌握应急预案编制程序、基本内容。

9.3 熟悉应急物资储备情况。

9.4 熟悉应急预案实施与演练。

9.5 掌握极端天气、突发事件应急处置流程与措施。

9.6 掌握车辆火灾等常见突发事件应急处置与救援方法。

10. 事故报告与分析。

10.1 熟悉生产安全事故等级划分依据。

10.2 熟悉事故调查原则及要求。

10.3 掌握事故调查报告内容、要求、报告框架等。

10.4 掌握事故处理原则,了解事故报告和处理过程中违反规定应承担的法律责任,掌握事故发生单位主要负责人未依法履行安全生产管理职责导致事故发生的处罚规定等。

## 六、专业部分考核内容

### 第一部分 城市公共汽电车

(一)城市公共汽电车安全生产法规政策及标准规范。

11. 城市公共汽电车安全生产相关法规规章、规范性文件及要求。

11.1 《中华人民共和国道路交通安全法》。

熟悉机动车登记、检验、交通事故强制责任保险和机动车驾驶证等管理制度及道路交通安全行政处罚,掌握道路交通事故的概念、特点、事故处理和事故损害赔偿原则等。

11.2 《中华人民共和国道路交通安全法实施条例》。

熟悉交通肇事逃逸和故意破坏、伪造现场、毁灭证据的事故当事人责任;掌握与机动车有关的道路通行规定、交通事故当事人自行协商处理的适用情形及基本要求等。

11.3 《国务院关于城市优先发展公共交通的指导意见》。

熟悉《国务院关于城市优先发展公共交通的指导意见》有关城市公共汽电车安全生产相关要求。

11.4 《城市公共汽车和电车客运管理规定》。

掌握城市公共汽车和电车运营相关管理规定,熟悉城市公共汽电车运营安全相关规定,以及城市公共汽电车运营应承担的法律责任等。

11.5 《机动车强制报废标准规定》。

掌握车辆强制报废的相关要求。

11.6 其他城市公共汽电车安全生产法规规章、规范性文件及要求。

12. 城市公共汽电车安全生产相关标准规范及要求。

12.1 《机动车运行安全技术条件》。

熟悉车辆安全管理及技术要求。

12.2 《城市公共汽电车客运服务规范》。

了解城市公共汽电车运营安全相关要求。

12.3 《城市公共汽电车应急处置基本操作规程》。

了解城市公共汽电车应急处置基本操作规程的相关要求。

12.4 《城市公共汽电车突发事件应急预案编制规范》。

了解城市公共汽电车突发事件应急预案编制的相关要求。

12.5 《城市公共汽电车运营安全管理规范》。

了解城市公共汽电车运营安全管理的相关要求。

12.6 《交通运输企业安全生产标准化建设基本规范 第14部分:城市公共汽电车客运企业》。

了解城市公共汽电车客运企业安全生产标准化建设的相关要求。

12.7 《城市公共汽电车车辆专用安全设施技术要求》。

了解城市公共汽电车车辆专用安全设施的相关要求。

12.8 《城市公共设施 电动汽车充换电设施运营管理服务规范》。

了解电动汽车充换电设施运营管理相关要求,掌握安全与应急管理等相关要求。

12.9 其他城市公共汽电车安全生产主要技术标准与工作规范。

(二)城市公共汽电车安全生产实务。

13.城市公共汽电车安全生产实务。

13.1 掌握驾驶员、乘务员的招聘、岗前培训、安全教育培训及考核、驾驶员应急驾驶操作、驾驶员档案管理等内容及管理要求。

13.2 掌握车辆及车上安全设施管理要求。

13.3 熟悉车辆维护、保险、报废、档案等管理要求。

13.4 熟悉驾驶员、乘务员等岗位操作规程。

## 第二部分 城市轨道交通

(一)城市轨道交通安全生产法规政策及标准规范。

14.城市轨道交通安全生产相关行政法规、政策及要求。

14.1 《国务院办公厅关于保障城市轨道交通安全运行的意见》。

掌握城市轨道交通前期规划建设阶段运营安全风险防控要求、运营安全管理、公共安全防范、应急处置等基本要求。

14.2 《国家城市轨道交通运营突发事件应急预案》。

掌握城市轨道交通运营突发事件组织指挥体系、监测预警和信息报告机制,以及应急响应和处置等基本要求。

14.3 其他城市轨道交通安全生产相关行政法规、政策及要求。

15.城市轨道交通安全生产相关部门规章、规范性文件及要求。

15.1 《城市轨道交通运营管理规定》。

熟悉城市轨道交通运营管理制度要求,掌握运营基础要求、安全支持保障、应急处置、保护区管理、信息安全管理、安全生产经费投入等基本要求。

15.2 《城市轨道交通运营安全风险分级管控和隐患排查治理管理办法》。

熟悉城市轨道交通运营各业务板块主要风险点、风险描述、管控措施,熟悉企业风险数据库管理要求、风险等级划分办法和管理要求。掌握城市轨道交通隐患分级、隐患排查频率要求、隐患排查手册等内容,熟悉城市轨道交通运营企业重大隐患治理基本要求。

15.3　《城市轨道交通行车组织管理办法》。

熟悉城市轨道交通正常行车、非正常行车和施工行车等作业的基本要求。

15.4　《城市轨道交通客运组织与服务管理办法》。

熟悉城市轨道交通客运组织、客运服务的基础要求,以及乘客行为规范要求。

15.5　《城市轨道交通设施设备运行维护管理办法》。

掌握城市轨道交通设施设备运行监测、维护、更新改造相关要求,熟悉设施设备对城市轨道交通运营安全的影响。

15.6　《城市轨道交通运营突发事件应急演练管理办法》。

熟悉城市轨道交通运营突发事件应急演练的内容、方式、频率要求和评估机制等。

15.7　《城市轨道交通运营险性事件信息报告与分析管理办法》。

掌握城市轨道交通险性事件定义、信息报告时限、流程、内容等相关要求,熟悉险性事件技术分析内容、要求和报告编制基本要求等。

15.8　《城市轨道交通初期运营前安全评估管理暂行办法》。

掌握城市轨道交通初期运营前安全评估的基本流程,熟悉评估的前提条件和实施要求等。

15.9　《城市轨道交通正式运营前和运营期间安全评估管理暂行办法》。

熟悉城市轨道交通正式运营前和运营期间安全评估的评估条件和实施要求等。

15.10　其他城市轨道交通安全生产规章、规范性文件及要求。

16.城市轨道交通安全生产相关标准规范及要求。

16.1　《城市轨道交通初期运营前安全评估技术规范　第1部分:地铁和轻轨》。

掌握城市轨道交通初期运营前安全评估的基本要求。

16.2　《城市轨道交通正式运营前安全评估规范　第1部分:地铁和轻轨》。

掌握城市轨道交通正式运营前安全评估的基本要求。

16.3　《城市轨道交通运营期间安全评估规范》。

掌握城市轨道交通运营期间安全评估的基本要求。

16.4　《城市轨道交通信号系统运营技术规范(试行)》。

掌握城市轨道交通信号系统总体以及各子系统技术要求。

16.5　《城市轨道交通自动售检票系统运营技术规范(试行)》。

掌握城市轨道交通自动售检票系统网络安全、应用软件安全、数据安全等基本要求。

16.6　《城市轨道交通运营应急能力建设基本要求》。

了解城市轨道交通运营应急处置机构、应急预案、应急救援队伍、应急物资和演练等基本要求。

16.7　《交通运输企业安全生产标准化建设基本规范　第15部分:城市轨道交通运营企业》。

了解城市轨道交通运营企业安全生产标准化建设的基本要求。

16.8 其他城市轨道交通安全生产主要技术标准与工作规范。

(二)城市轨道交通安全生产实务。

17. 城市轨道交通安全生产实务。

17.1 掌握城市轨道交通运营调度指挥、列车运行控制、行车作业、空车轧道、线网停运机制等行车基本要求。

17.2 掌握城市轨道交通运营线路施工作业方案制定与审核、请销点、旁站监督等基本要求。

17.3 掌握车站作业、大客流处置及客流疏导、乘客管理、客伤处置等客运组织基本要求。

17.4 掌握城市轨道交通保护区划定范围、巡查职责、动态监测、作业管理等基本要求。

17.5 掌握城市轨道交通设施监测养护、设备运行维修与更新改造等基本要求。

17.6 掌握城市轨道交通从业人员健康检查、心理疏导、不良记录管理等基本要求。

17.7 掌握对恶劣天气、地质灾害、公共卫生等外部因素的风险管控、隐患排查治理、监测预警、协同联动、应急处置等基本要求。

17.8 熟悉列车脱轨等15类主要运营险性事件应急处置与救援、与外单位协同联动机制等基本要求。

## 第三部分  出 租 汽 车

(一)出租汽车安全生产法规政策及标准规范。

18. 出租汽车安全生产相关法规规章、规范性文件及要求。

18.1 《中华人民共和国道路交通安全法》。

熟悉机动车登记、检验、交通事故强制责任保险和机动车驾驶证等管理制度及道路交通安全行政处罚,掌握道路交通事故的概念、特点、事故处理和事故损害赔偿原则等。

18.2 《中华人民共和国道路交通安全法实施条例》。

熟悉交通肇事逃逸和故意破坏、伪造现场、毁灭证据的事故当事人责任;掌握与机动车有关的道路通行规定、交通事故当事人自行协商处理的适用情形及基本要求等。

18.3 《国务院办公厅关于深化改革推进出租汽车行业健康发展的指导意见》。

掌握出租汽车经营行为要求以及企业相关责任。

18.4 《巡游出租汽车经营服务管理规定》。

掌握巡游出租汽车经营者、车辆、驾驶员应符合的基本条件、运营服务要求、安全管理要求以及应承担的法律责任等。

18.5 《网络预约出租汽车经营服务管理暂行办法》。

掌握网络预约出租汽车经营者、车辆、驾驶员应符合的基本条件、经营行为、安全管理要求以及应承担的法律责任等。

18.6 《出租汽车驾驶员从业资格管理规定》。

掌握出租汽车驾驶员考试、注册、继续教育和从业资格证件管理有关要求以及应承担的法律责任等。

18.7　《机动车强制报废标准规定》。

掌握车辆强制报废的相关要求。

18.8　其他出租汽车安全生产法规规章、规范性文件及要求。

19.　出租汽车安全生产相关标准规范及要求。

19.1　《机动车运行安全技术条件》。

熟悉车辆安全管理及技术要求。

19.2　《出租汽车运营服务规范》。

了解出租汽车运输车辆、服务人员、服务流程、运输安全等相关要求。

19.3　《巡游出租汽车运营服务规范》。

了解巡游出租汽车经营者、服务人员、车辆、服务站点、运营服务等相关要求。

19.4　《网络预约出租汽车运营服务规范》。

了解网络预约出租汽车经营者、驾驶员、运输车辆、服务流程等相关要求。

19.5　《道路运输驾驶员技能和素质要求　第3部分:出租汽车驾驶员》。

了解出租汽车驾驶员基本素质、专业知识、专业技能等相关要求。

19.6　《城市公共设施　电动汽车充换电设施运营管理服务规范》。

了解电动汽车充换电设施运营管理相关要求,掌握安全与应急管理等相关要求。

19.7　其他出租汽车安全生产主要技术标准与工作规范。

(二)出租汽车安全生产实务。

20.　出租汽车安全生产实务。

20.1　掌握出租汽车驾驶员招聘、岗前培训、安全教育培训及考核、驾驶员应急驾驶操作、驾驶员档案管理等内容及管理要求。

20.2　掌握出租汽车及车上安全设施管理要求。

20.3　熟悉车辆维护、保险、报废、档案等管理要求。

20.4　熟悉出租汽车驾驶员的岗位操作规程。